지오몽의 지구 이야기

지오몽 지구를 만나다

기초편

엮은이 · 행복한 논술 편집부

1

(주)이태중 NIE 논술연구소

차례

Chapter 3 생명과 자연 1

활동 지침서 (01~15)

『지오몽의 지구 이야기』 사용 설명서

1. 교재의 특성

■ 과학 교재를 넘어선 '생각 설계 플랫폼'

『지오몽의 지구 이야기』는 초등학생 과학 영재를 만들기 위한 STEAM 융합 사고 훈련 프로그램입니다. 과학 이론을 기반으로 현실의 문제를 구조화하고 문제 해결에 필요한 생각을 설계하도록 돕는 시스템형 학습 플랫폼입니다.

STEAM 교육은 과학(Science), 기술(Technology), 공학(Engineering), 예술(Arts), 수학(Mathematics)을 통합적으로 사고하고 문제 해결에 적용하는 접근법입니다. 단순한 교과 융합을 넘어, 복잡한 문제를 창의적으로 정의하고 해결하는 사고력과 협업 능력을 기르려는 목적이 있습니다.

인공 지능(AI) 시대에는 지식만 외우거나 과목별로 나누어 배우는 방식만으로는 대응하기 어렵습니다. 그래서 STEAM 교육은 미국, 유럽, 아시아 등 세계 여러 나라에서 빠르게 확산하고 있습니다.

『지오몽의 지구 이야기』는 이러한 시대적 흐름에 맞춰, 어린 학생들도 STEAM의 5개 영역을 자연스럽게 통합하며 사고할 수 있도록 설계했습니다. 지구의 과거, 현재, 미래를 다루는 60개 주제가 모두 독립적인 사고 과제로 구성되어 있으며, 모든 활동은 '문제 인식 → 기능 설계 → 시나리오 구성 → 설계도 작성 → 발표 → 피드백'이라는 체계적인 사고 흐름을 따릅니다.

활동지에는 설계도, 말풍선, 시나리오, 교사의 질문 등의 예시가 포함되어 있습니다. 학생들이 글쓰기의 부담 없이 생각을 구조화하여 논리적으로 표현하는 능력을 기를 수 있습니다. 이러한 구성은 하버드의 'Project Zero', MIT의 STEAM 기반 연구 프로그램, 핀란드의 PBL 교육 시스템에서도 아직 구현되지 않은 고차 사고 훈련 프레임입니다. 이 교재는 단일 수업 자료를 넘어, 학생 스스로 사고를 설계하고 표현할 수 있도록 이끄는 세계 유일의 사고 훈련 시스템입니다.

■ 사고 과정을 스스로 설계하는 학습자 중심 구조

모든 활동은 아이들이 스스로 사고의 모든 과정을 구성하도록 설계했습니다. 하나의 활동 안에서 학습자는 문제를 정의하고, 기능을 고안하며, 이야기를 만들고, 설계도를 완성한 뒤 발표하고 친구의 질문에 응답하며 피드백을 반영하는 과정을 경험합니다. 이러한 구조는 자기 사고를 시각화하고 언어로 정리하는 힘을 기르도록 돕는 훈련이기도 합니다.

초등학교 때 이러한 과정을 반복하면 자연스럽게 '문제 인식 → 해결 전략 구상 → 구조적 설명 → 피드백 수용 → 자기 사고 점검 → 표현력 강화'로 이어지는 자기 주도적 사고의 순환 과정을 내면화하게 됩니다. 나아가 "나는 지금 무엇을 해결하고 있는가, 어떻게 접근해야 하는가, 이 내용을 다른 사람에게 어떻게 설명할 수 있을까?"와 같은 메타 인지 기반의 질문으로 확장됩니다. 메타 인지는 자신이 아는 내용과 모르는 내용을 자각하고, 문제점을 스스로 찾아내 해결하며, 학습 과정을 조절하는 정신 작용을 의미합니다.

■ 누구나 수업할 수 있는 열린 구조

이 교재는 교육 전문가만을 위한 학습물이 아닙니다. 전문적이지만 쉽고 단계화된 수업 구조로 설계되어, 교사, 학부모, 교육 기관 누구나 쉽게 활용할 수 있습니다.

교사는 활동 해설지만으로도 연수 없이 정규 수업, 창의적 체험 활동, 방과후 수업을 2차시 단위로 운영할 수 있습니다. 학부모는 가정에서 아이와 함께 설계도를 그리고 말풍선을 꾸미며 발표하는 창의 놀이 수업으로 활용할 수 있습니다. 교육 기관에서는 STEAM 융합 수업, 영재 교육, 창의성 평가 수업, 프로젝트 기반 수업을 체계적으로 구성할 수 있습니다. 미술 학원이나 창의 수업 현장에서도 적용 가능합니다. 과학 이야기를 설계도로 표현하기, 설계도의 내용을 반입체로 구현하기는 단순한 조형 활동이 아니라, 사고를 시각화하는 도구로 활용되어 논리적 사고를 돕는 미술 활동과 조형적 사고 훈련으로도 확장됩니다.

■ 교재에 활동지와 활동 해설지 탑재

교재에는 교사, 학부모, 학원 강사 등 누구나 별도의 연수 없이 손쉽게 수업을 운영할 수 있도록 활동지와 활동 해설지가 제공됩니다. 활동지에는 주제별 수업 목표, 개념 설명, 기능(조건) 제시, 유도 질문, 예시 답변, AI 평가(정량 평가)가 가능한 루브릭을 제시했습니다. 해설지는 활동지와 1:1로 대응되는데, 활동 준비물과 준비물 사용 설명을 구체적으로 서술했습니다.

2. 2차시 수업 구조로 완결되는 사고 훈련

모든 활동은 2차시 수업으로 진행할 수 있도록 설계되어 있습니다. 학습자는 교재 공부를 마친 뒤 자기 생각을 시나리오로 구체화하면서 '반입체 구성+발표+피드백' 중심으로 사고를 정리할 수 있는 구조여서 글쓰기에 서툰 아이도 몰입할 수 있습니다.

차시	예시 문장	구성 활동	교육 목적
1차시	50~60분	지오몽 교재 읽기 → 개념 대화 → 기능 고안 → 시나리오 구성	과학 개념 이해+문제 해결 과정 구성
2차시	50~60분	설계도 완성 → 제작 → 발표 → 친구 질문 응답 → 평가	사고의 문자화+시각화+협력 기반 확장
수업 인원과 운영 특장점			
● 1~3인 수업 : 학생 1명에 사고 구조화 훈련과 집중 피드백 가능. 자기 주도 훈련에 최적화.			
● 4~6인 수업 : 토의·질문·피드백을 자연스럽게 구성. 발표+비판적 사고의 균형 잡힌 훈련 가능.			
● 7~12인 수업 : 역할 나누기, 팀 기반 시나리오 설계 등 협력 중심 융합 프로젝트 운영에 적합.			

3. 통일된 사고 프레임

이 교재의 강점은 주제가 달라도 사고의 과정이 통일되어 있다는 점입니다. 학습자는 어떤 내용을 배워도 '문제 인식 → 기능 설계 → 시나리오 쓰기 → 설계도 작성 → 제작 → 발표와 응답'이라는 과정을 반복적으로 훈련하게 됩니다. 모든 과정은 학생 스스로 논리적으로 구성해서 말로 설명하는 힘을 기르도록 합니다.

단계	핵심 활동 예시
문제 인식	화산이 분화하기 전에 땅 위에 어떤 변화가 나타날까?
기능 설계	온도·가스·진동을 감지하는 장치를 만드는 데 필요한 핵심 기능은 뭘까?
시나리오 구성	지진 감지 → 온도 센서 → 경보 → 불빛으로 이어지는 시나리오 쓰기
설계도 작성	기능별 위치와 연결을 화살표로 그리며, 말풍선과 색상으로 기능 설명 추가
발표와 질문 응답	왜 깃발을 가장 먼저 설치했나요? → 시작 신호가 가장 중요하니까요.

4. 통일된 AI 기반 루브릭 평가 체계

이 교재는 학생이 얼마나 논리적·창의적·기능적 사고력을 발휘하고 반입체로 시각화했는지 평가합니다. 결과물뿐 아니라 사고의 구조, 과정, 표현, 참여 태도까지 반영한 루브릭이 제시되어 있습니다. 상호 평가와 교사 평가를 모두 반영할 수 있습니다. 루브릭과 시나리오, 설계도, 결과물 사진(좌우 측면 포함), 교사 평가 등을 AI에 입력하면 정량 평가가 가능합니다.

항목	평가 기준 질문
과학 개념 이해	기능과 설명에 과학 개념이 정확히 반영되었는가?
기능 흐름 완성도	기능이 논리적으로 연결되고, 문제 해결 과정이 자연스러운가?
시각 표현력	설계도 안에 위치·연결·설명이 시각적으로 명확히 표현되었는가?
발표력	시나리오를 조리 있게 말하고, 친구의 질문에 응답했는가?
참여·협력 태도	수업에 집중하고 친구와 협력하며 피드백을 주고받았는가?

5. 누가 교재를 사용할 수 있나

이 교재는 과학·기술 중심 교과뿐 아니라 미술, 창의성, 디자인 수업 등 다양한 교육 영역에서 유연하게 활용 가능합니다. 정규 수업, 방과후 프로그램, 미술 학원, 영재 교육 기관, 가정 수업 등에서 모두 사용할 수 있습니다.

환경 유형	활용 방식 예시
정규 초등 수업	과학, 창의적 체험 활동, 통합 교과, 융합 프로젝트 수업
방과후·돌봄 프로그램	주제 중심 수업, 표현 발표 수업, 융합 창의 활동 구성
미술 학원·창의 미술	설계도 기반 표현 미술, 말풍선 구성 활동, 조형 훈련
과학·영재 교육 기관	STEAM+발표+설계+평가 융합 수업(사고·표현 통합형 훈련)
가정·홈스쿨링	활동지와 해설지 기반 자기 주도 학습, 가족과 함께하는 놀이 발표 수업
창업형 교육 기관	STEAM, AI 융합, 발명, 문제 해결 중심 교육 콘텐츠로 활용

6. 루브릭 연계된 활동지와 해설지

이 교재는 현장에서 교사가 수업을 어떻게 운영하고 학생이 어떻게 참여할 수 있는지 안내하는 활동지와 해설지를 함께 제공합니다. 활동지는 모든 활동을 문제 제기, 기능 탐구, 설계, 제작, 발표로 이어지는 공통 구조에 맞춰 제시됩니다. 각 단계에는 교사가 활용할 수 있는 기능(또는 조건)과 시나리오 예시, 질문 예시가 함께 담겨 있습니다. 교사는 이를 바탕으로 구현할 기능 또는 조건을 더하거나 빼는 방법으로 학년 눈높이(1~6학년)에 맞춰 수업을 조정할 수 있습니다.

학생 활동지는 해설지와 긴밀히 연결되어 있습니다. 활동지에는 문제 인식, 아이디어 기록, 설계도 작성, 제작과 발표 등 학습의 전 과정이 담겨 있는데, 평가 루브릭과 그대로 이어집니다. 예를 들어 활동지에서 설계도를 구체적으로 그린 학생은 루브릭의 '기능 구성과 흐름 완성도'의 창의성 항목에서 높은 평가를 받을 수 있고, 조별 발표 과정은 '설명력과 발표 참여' 항목과 연결됩니다. 이처럼 활동지는 학생의 사고 과정을 드러내는 기록지가 되고, 루브릭은 교사가 학습 과정을 평가하는 도구가 됩니다. 학생은 루브릭을 통해 자기 학습을 점검하고 보완 방향을 스스로 찾을 수 있습니다.

제작 활동을 좋아하지 않는 학생들에게는 스토리만 읽히거나 활동지에 나온 내용을 그림 또는 설계도로 표현하는 방법도 있습니다. 어떤 경우에도 활동 시나리오를 글로 정리하거나 이야기로 나타내도록 하면 유익합니다.

해설지의 준비물과 제작 방법은 하나의 예시에 불과하므로, 교사는 학급의 상황과 수업 목표에 따라 재료를 대체하거나 절차를 조정할 수 있습니다. 학생도 제시된 지침을 그대로 모방하기보다, 자신이 구상한 새로운 기능이나 구조를 추가해 변형할 수 있습니다. 따라서 동일한 활동이라도 교사와 학생의 선택과 시도에 따라 다양하게 확장되며, 수업은 획일적인 틀을 벗어나 풍부하게 전개됩니다.

이러한 구조는 교사에게는 수업 운영의 자율성과 전문성을, 학생에게는 창의적 탐구와 자기 주도 학습의 기회를 넓혀 줍니다.

7. 마무리

이 교재는 학생 스스로 문제를 과학적으로 인식하고, 문제 해결에 필요한 기능 설계와 기능 구현하기, 발표와 피드백에 이르기까지 일련의 과정이 담긴 사고 설계 시스템입니다. 이 교재를 활용하면 교사는 수업 설계가 쉬워지며, 학생은 생각을 정리하고 표현하는 힘을 기를 수 있습니다. 수업은 자연스럽게 창의성을 갖추게 됩니다. AI 시대에 필요한 교육은 정답 찾기 공부가 아니라, 문제를 스스로 인식하고 해결하는 사고의 구조화를 훈련하는 공부입니다.

오로라

Chapter

1

지구의 생김새

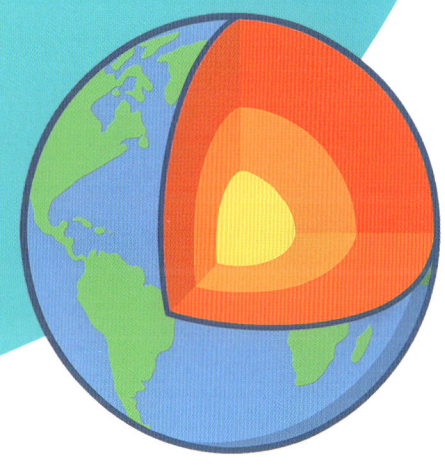

지오몽의 지구 이야기
주인공 **지오몽**은
'지구(Geo)의 꿈'이란 뜻입니다.

지구 속에는 무엇이 있을까

지구는 겉보기엔 단단하고 둥근 공처럼 보이지만, 속은 여러 층이야. 가장 바깥은 지각, 그 아래는 맨틀, 또 그 밑에는 외핵과 내핵이 있어. 중심부터 전체 두께(반지름)는 6371킬로미터야. 지각은 사람이 밟고 선 단단한 바위층이고, 맨틀은 뜨거운 고체인데, 위쪽은 약간 끈적해. 외핵은 철과 니켈이 녹은 액체 금속이고, 내핵은 외핵보다 더 뜨겁지만 고체로 남아 있어.

이들 층은 상태와 움직임이 서로 달라. 맨틀은 서서히 움직이며 지각을 밀어 지진과 화산 폭발을 일으키지. 외핵은 내핵을 감싼 채 천천히 흘러. 지구는 겉은 단단해 보여도 속은 뜨거운 에너지가 꿈틀대는 살아 있는 행성이야.

이런 뜻이에요

니켈 은빛을 띤 단단한 금속. 외핵과 내핵을 이루는 금속 중 하나로, 열과 전기를 잘 전달하고, 자석처럼 붙는 성질이 있다.

지각은 지구의 가장 바깥쪽에 있는 단단한 바위층이야. 지각의 두께는 바다 밑바닥에서 재면 5~10킬로미터, 육지에서는 30~40킬로미터 정도야. 지각은 하나로 이어진 것이 아니라, 7개의 큰 판과 여러 개의 작은 판으로 나뉘어 있어. 이들 판은 맨틀 위(연약권 : 끈적한 층)에 떠 있는 상태야.

맨틀이 천천히 움직이면 지각도 함께 조금씩 움직이지. 그래서 판끼리 부딪치면서 지진이 생기거나 화산이 폭발하기도 해. 판이 벌어지면 바다가 넓어지고, 밀면 산맥이 솟기도 해. 지각은 움직이는 판 위에 있는 얇고 단단한 껍질이야. 지각과 맨틀의 윗부분을 합쳐 암석권이라고 불러.

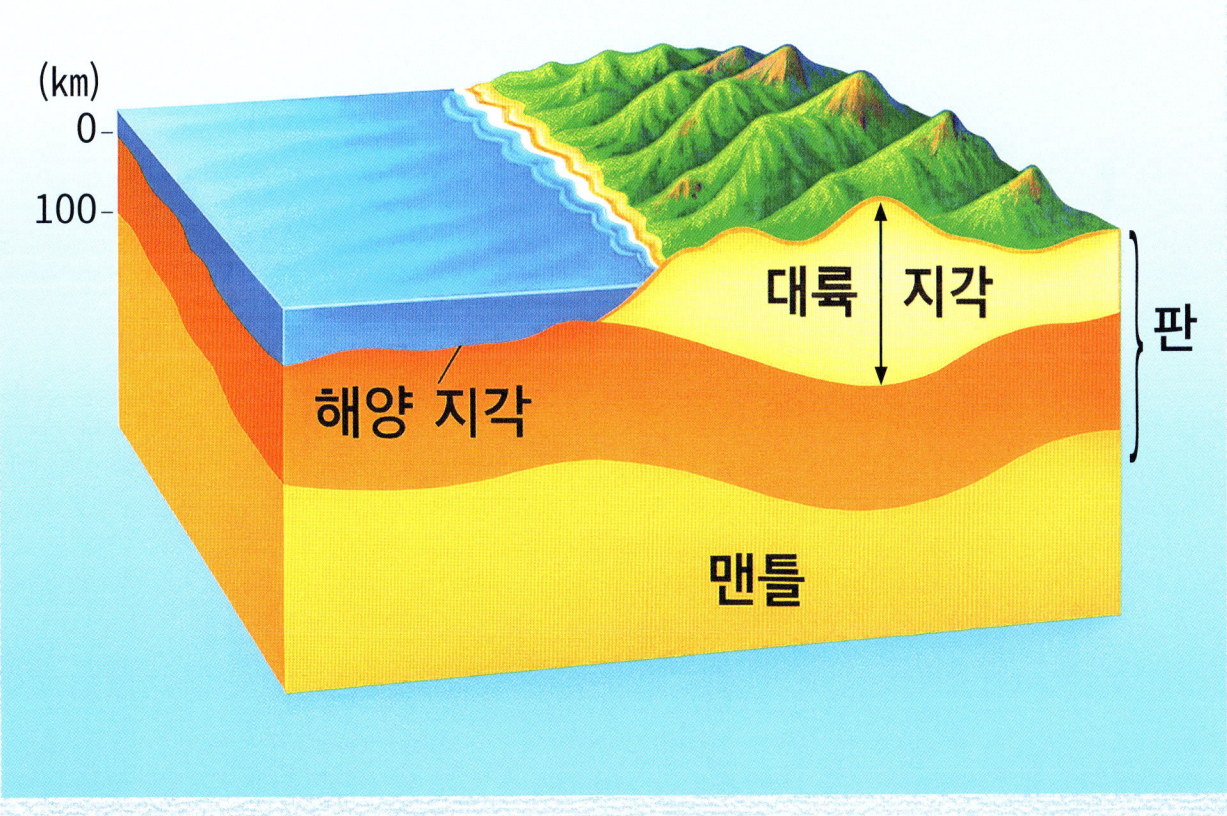

이런 뜻이에요

암석권 지구의 겉을 덮고 있는 단단한 껍질. 지각과 맨틀의 윗부분을 합친 부분으로, 여러 개의 큰 판으로 나뉘어 있다.

열

지각

대류

맨틀

　지각 밑에 있는 맨틀의 두께는 약 2900킬로미터야. 온도는 위쪽이 약 1000도, 아래쪽은 3000도쯤이야. 일부는 바위가 녹아 마그마가 되지. 마그마는 위로 솟구치는 힘이 세서 지각의 틈을 뚫고 나와. 이게 화산 폭발이야. 터질 때는 가스가 나오지.

　남극의 얼음층 아래 땅 밑에도 100개가 넘는 화산이 숨어 있어. 평소엔 얼음에 눌려 있지만, 얼음이 녹으면 마그마가 움직일 수 있어. 과학자들은 이들 화산이 언젠가 터질 수 있다고 해. 폭발하면 빙하가 녹아 해수면이 더 빨리 높아질 수 있어. 화산은 지구 속 에너지가 얼마나 강한지 보여 줘.

이런 뜻이에요

마그마 지각 아래에서 바위가 녹아 생긴 액체. 압력과 가스가 쌓이면 지각을 뚫고 올라와 화산 폭발을 일으킨다.
해수면 바닷물의 높이. 지구 전체 바다의 평균 높이를 기준으로 삼는다.

맨틀 아래에는 외핵과 내핵이 있어. 외핵은 철과 니켈 같은 금속이 높은 온도에서 녹아 액체 상태로 있는 층이야. 온도는 4000~6000도이고, 두께는 2200킬로미터쯤이야. 이 액체 금속은 천천히 움직이며 열을 위쪽으로 전달해.

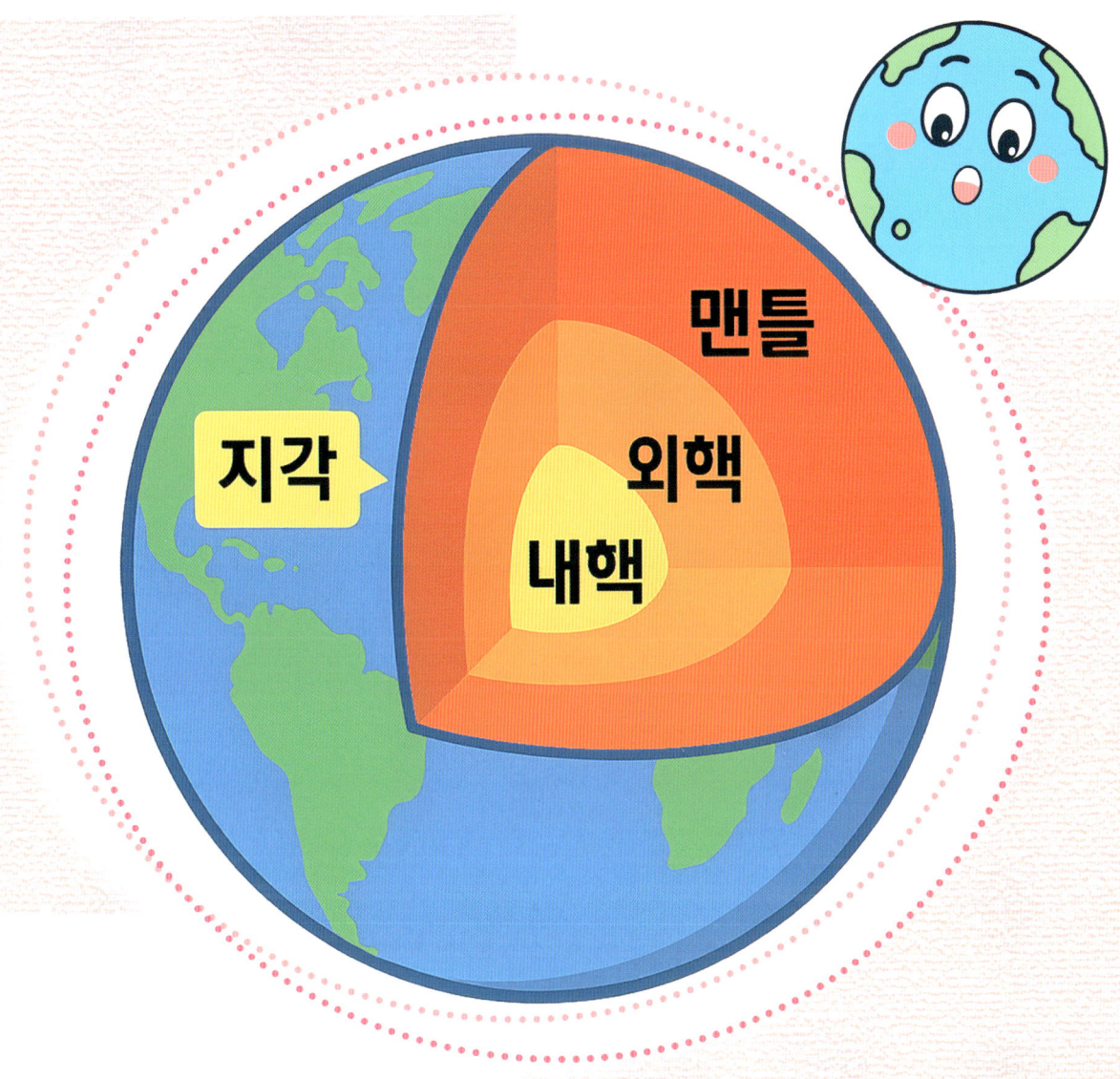

그 안쪽에는 고체 금속으로 이루어진 내핵이 자리를 잡고 있어. 두께는 약 1200킬로미터야. 지구 중심을 차지하는 내핵은 섭씨 6000도에 이를 만큼 뜨겁지. 그런데 주변의 압력이 너무 세서 녹지 않고 고체 상태로 남아 있어. 외핵은 열을 위로 보내 맨틀이 천천히 움직이게 해. 내핵은 강한 압력을 버티며 지구 중심을 단단히 지탱하고 있지.

지구 속 탐사 로봇 만들기

🌱 활동 목표

* 지구 내부 구조(지각-맨틀-외핵-내핵)를 층별로 구분하고 특징을 이해한다.
* 각 층의 상태(고체/액체), 온도, 압력에 따라 로봇의 기능을 달리 설계한다.
* 창의적으로 탐사 로봇을 디자인하고, 탐사 여정을 이야기로 구성한다.
* 지구 내부를 탐사하는 과정을 순서대로 정리하고, 층별 이동 과정을 설명한다.

🌱 수업 전 배경과 개념 설명

* **지각** 지구 표면의 가장 바깥 단단한 암석층. 사람이 사는 지역으로, 두께는 5~40킬로미터이다.
* **맨틀** 고체지만 뜨겁고 천천히 움직이는 층. 마그마가 생기는 곳이며, 두께는 약 2900킬로미터이다.
* **외핵** 철과 니켈이 녹은 액체 금속층. 두께는 약 2200킬로미터이며, 섭씨 4000~6000도이다.
* **내핵** 지구 중심에 있는 고체 금속층. 두께는 약 1200킬로미터이며, 섭씨 약 6000도이다.
* **압력** 깊이 들어갈수록 커짐. 내핵은 압력이 높아 고체 상태를 유지한다.

🌱 수업 활동

1) 문제 인식과 분석

도입 발문	지구 안은 어떤 모습일까? / 눈으로 볼 수 없다면 어떻게 알아볼 수 있을까? / 지구 속을 탐험하는 로봇이 있다면 어떤 기능이 필요할까?
활동지 칸	물속에서부터 내핵까지 탐사하는 로봇을 직접 설계해 보세요. 각 층의 특성에 맞는 기능을 생각해 넣고, 로봇의 이름과 수행할 임무도 구체적으로 정해 보세요.

2) 기능 구성하기+시나리오 쓰기

• 아래 기능 중 3~4개를 고르고, 내가 만든 기능 1개도 추가해서 그 기능이 왜 필요한지 적어 보세요. 또 내 장비가 지구 속의 금속이나 지질을 조사한 과정을 써 보세요.

항목	설명
방열 기능	아주 뜨거운 맨틀과 외핵을 지나가도 타지 않도록 보호해요.
부력 추진	외핵과 같은 액체 층 위를 떠서 이동할 수 있어요.
절단 팔	단단한 지각을 뚫고 통과할 수 있어요.
내핵 파고들기 장치	지구 중심의 금속을 조사하는 특수 장치입니다.
내가 만든 기능	핵 분석 손 → 내핵에서 수집한 금속 시료(샘플)를 자동으로 분류해요.
시나리오 예시	탐사 로봇 '지오봇'은 절단 팔로 지각을 뚫고, 방열 기능으로 맨틀을 통과했어요. 외핵에선 부력 추진 장치로 떠다녔고, 내핵에선 센서가 내장된 파고들기 장치로 금속을 조사했어요. '핵 분석 손'으로 시료를 자동 분류한 뒤 지각으로 돌아왔어요.

3) 지구 탐사 지도 그리기

• 지오봇이 지각부터 내핵까지 탐사하며 사용한 기능을 지도로 자세히 나타내 보세요. 각 층의 환경에 맞는 기능과 장치를 그림으로 그리고, 주요 지점에는 말풍선으로 역할과 이유를 간단히 적어 보세요.

표현 예시	① 로봇 이름 : 지오봇(지구 탐사를 위해 설계된 다기능 로봇) ② 지각 : 절단 팔로 단단한 바위를 통과함　③ 맨틀 : 방열 기능으로 고온을 견딤 ④ 외핵 : 부력 추진 장치로 액체 금속 위를 이동　⑤ 내핵 : 파고들기 장치로 중심 금속을 조사함

4) 발표와 친구 질문 응답

발표 항목	예시 문장
로봇 이름	'지오봇'이에요.
내가 고른 기능	절단 팔, 방열 기능, 부력 추진, 내핵 파고들기 장치를 선택했어요.
내가 만든 기능	금속 시료를 자동으로 분류하는 '핵 분석 손'을 새로 만들었어요.
시나리오 요약	지오봇은 지각을 뚫고 맨틀을 지나 외핵을 떠다니다가, 내핵에서 조사를 마치고 지각으로 돌아왔어요.
친구 질문과 응답	외핵에서는 어떻게 방향을 조절했나요? → 부력 추진 장치가 외핵 흐름을 감지해 방향을 잡았어요.

🌱 교사용 지도 포인트

단계	유도 질문 예시
문제 인식	지구 속은 어떻게 생겼을까? / 왜 안쪽까지 탐사해야 할까?
기능 구성	로봇이 살아남으려면 어떤 기능이 필요할까? / 탐사에는 어떤 기능이 필요할까?
내가 만든 기능	'핵 분석 손'은 내핵에서 왜 필요한 기능일까?
시나리오 구성	로봇의 여정을 어떻게 이야기로 만들었나? / 네가 만든 기능은 무엇인가?
발표 유도	친구 로봇과 비교했을 때 어떤 점이 달랐을까? / 무엇이 다르게 설계되었을까?

🌱 지구 속 탐사 로봇 만들기 STEAM 활동 평가 루브릭

평가 항목	평가 루브릭			
	5점(매우 우수)	4점(우수)	3점(보통)	2점 이하(미흡)
과학 개념 이해(지각, 맨틀, 외핵, 내핵의 구조와 성질)	지구 내부 4개 층의 성질을 정확히 이해하고, 관련 기능과 연결함. 과학 용어 사용도 정확하고 설명이 타당함	대부분의 층 개념을 잘 이해하고 기능과 연결했으며, 설명 흐름도 비교적 자연스러움	개념은 일부 표현되었지만 연결이 약하거나 용어 사용이 불확실함	층 이름만 나열하거나 과학적 개념과의 연결이 거의 없음
기능 구성과 흐름 완성도(층별 기능 설계+내가 만든 기능+이동 연결+창의적 설계)	층별 기능이 탐사 과정에 맞게 잘 연결되고, 각 기능의 역할이 드러나며, 창의적인 장치나 아이디어가 자연스럽게 포함되어 있음	기능과 그 연결이 대부분 자연스럽고, 창의적 요소도 포함되어 있음. 일부 설명은 간략함	기능은 있지만 연결이 단조롭거나 창의적 요소가 명확하게 나타나지 않음	기능이 단순 나열되고 창의성이 거의 없으며 흐름도 부족함
시각 표현과 설계도 완성도(기능 배치, 부위 설명, 화살표, 색상 구분)	로봇 구조와 기능, 색상, 탐사 경로가 그림에 명확하게 표현되어 있고, 말풍선이나 라벨 등 시각 요소도 잘 구성됨	대부분의 요소가 잘 표현되어 있으며, 설명과 시각 정보도 비교적 명확히 전달됨	그림은 있지만 기능 설명이 부족하게 나타나고, 색상 구분도 명확하지 않음	그림만 제시되어 있고 기능 설명이나 연결 표현이 거의 없음
설명력과 발표 참여(시나리오 설명+친구 질문 응답)	탐사 과정을 시나리오로 조리 있게 설명하고, 친구의 질문에도 과학 개념을 활용해 정확하고 구체적으로 응답함	발표 흐름이 자연스럽고 주요 내용을 빠짐없이 전달함. 질문 응답도 대부분 가능함	설명은 있지만 짧거나 흐름이 단조롭고, 질문 응답도 전반적으로 약함	발표가 미흡하거나 설명이 없고 친구의 질문에도 응답하지 못함
참여 태도와 협력성(활동 집중도+친구와의 협력)	활동 전반에 적극적으로 참여하고, 친구와의 협력과 피드백도 활발히 이루어짐	대부분 성실히 참여하고, 소통과 협력도 원활하게 이루어짐	활동에는 참여했지만 발표나 협력 태도가 소극적임	활동과 협력 모두 소극적이며, 상호작용도 거의 없음

※총점 기준 해석표(총 25점)
★23~25점 : 매우 우수 ★19~22점 : 우수 ★15~18점 : 보통 ★10~14점 : 미흡 ★1~9점 : 매우 미흡

지오몽의
지구 이야기

주인공 **지오몽**은
'지구(Geo)의 꿈'이란 뜻입니다.

지진은 왜 일어나

■ 튀르키예 지진 피해를 도우려면 성금이 필요하다.

튀르키예 알지? 아시아가 끝나고 유럽이 시작되는 곳에 있는 나라야. 시리아의 이웃 나라이기도 하지. 2023년 2월 6일 새벽(현지 시각), 이 두 나라에 큰 지진(규모 7.8)이 일어났어. 이 때문에 5만 명이 숨지고, 재산 피해도 컸지. 튀르키예에선 1939년에도 같은 규모의 지진이 일어나 3만 명이 목숨을 잃었대.

지진은 땅속에서 갑자기 지각에 변동이 일어나면서 생긴 진동이 사방으로 전달되며 땅이 흔들리는 일이야. 그럼 땅바닥이 갈라지고, 건물이 파괴되지. 산이 무너지고 화재가 나기도 해. 지진이 바다 밑에서 일어나면 거대한 파도가 육지로 밀려들어.

■ 튀르키예 지진 피해 현장에서 소방대원들이 사람을 구조하는 모습.

■ 지진이 일어나기 전의 튀르키예 모습.

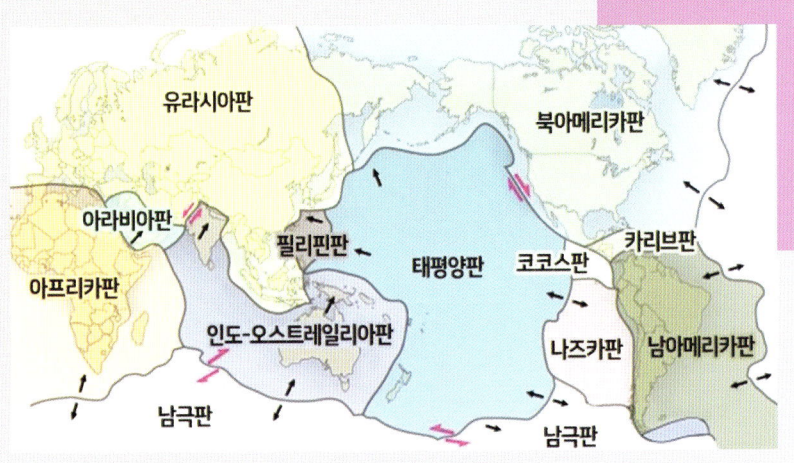

지구를 거대한 사과(반지름 6371킬로미터)로 보자고. 껍질(지각)이 있고, 그 밑에는 속살(맨틀)이 있지. 그리고 씨(내핵)를 둘러싼 부분(외핵)과 씨 등 4개의 층으로 이뤄져 있어. 지각은 단단한 암석층인데, 하나로 된 게 아니야. 거북의 등딱지처럼 커다란 판(조각) 7개와 중간 크기의 판 6개 등으로 나뉘어 있어.

지각판의 두께는 최고 100킬로미터쯤이야. 그런데 이들 판은 그대로 있지 않고, 맨틀의 흐름을 따라 조금씩 이동하면서 서로 부딪거나 약간씩 포개진단 말이야. 그럼 판의 끝 부분(경계)에 힘을 받아 지각에 변동이 생기면서 지진이 일어나는 거야.

재난안전수칙
지진대처요령

계단 이용	탁자 아래
엘리베이터 사용 금지	몸은 웅크리고!
신속한 대피	머리 보호
더 높은 곳으로 이동	넓은 곳으로 대피

지진으로 크게 흔들리는 시간은 길어야 1~2분이야. 집에 있을 때 지진이 나면 탁자 아래로 후다닥 들어가 탁자 다리를 꽉 붙잡고 있어. 탁자가 없으면 방석으로 머리를 가린 채 벽면의 모서리로 가서 웅크린 채 있어.

진동이 멈추면, 문부터 열어 둬. 건물이 뒤틀리면 문이 열리지 않으니까 말이야. 그다음 불이 나지 않게 가스 밸브를 잠그고 전기 차단기를 내린 뒤 밖으로 탈출해. 밖으로 나오면 건물과 담장에서 멀리 떨어진 운동장이나 공원 등 낙하물이 없는 곳으로 대피해. 학교에서는 책상 아래로 들어가 책상다리를 꼭 잡고 있다가, 선생님의 지시에 따르면 돼.

건물 안에서 튀어나올 때는 반드시 계단을 이용해. 엘리베이터에 갇히면 꼼짝 못하잖아. 엘리베이터 안에 있을 때는 잽싸게 모든 층의 버튼을 눌러. 그리고 가장 먼저 열리는 층에서 내려 계단을 통해 밖으로 나와. 엘리베이터에 갇힌 경우 인터폰이나 휴대 전화로 구조를 요청해.

전철에서는 넘어지지 않도록 손잡이나 기둥을 꽉 잡아. 전철이 멈췄다고 서둘러 출구로 뛰어나가면 위험해. 방송 안내에 따라 행동해야겠지. 산에 있을 때는 바위가 굴러 내려오거나 산이 무너질 수 있어. 빨리 평지로 대피해야지. 바닷가에서는 엄청난 파도가 밀려들 수 있어. 재빨리 높은 곳으로 도망쳐.

 **활동**

지진 대피 시뮬레이션 키트 만들기

🌱 활동 목표

✳ 지진이 발생하는 원인과 지각판의 구조를 이해한다.

✳ 장소별 지진 행동 요령을 상황별로 구분하여 정리한다.

✳ 실제 상황을 가정한 시나리오를 작성하고, 순차적 대피 과정을 설계한다.

✳ 창의적인 기능이 포함된 지진 대피 시뮬레이션 키트를 제작한다.

🌱 수업 전 배경과 개념 설명

✳ **지진** 지각판이 갑자기 움직이면서 생기는 진동.

✳ **지각판** 지구의 껍질처럼 덮여 있는 큰 조각. 움직이면서 지진을 일으킨다.

✳ **진원 / 진앙** 진원 : 지진이 시작된 땅속 점. / 진앙 : 진원 바로 위 지표면의 점.

✳ **대피 요령** 탁자 아래 숨기, 문 열기, 가스 잠금, 엘리베이터 피하기, 공터로 대피 등.

✳ **안전 구조** 방석, 책상 아래, 벽면 모서리 등 떨어지는 물건을 피할 수 있는 곳.

🌱 수업 활동

1) 문제 인식과 분석

도입 발문	지진이 발생했을 때, 가장 먼저 할 일은 무엇일까? / 우리 가족이나 친구들은 지진에 대비한 훈련을 한 적이 있을까? / 지진이 일어나는 걸 미리 알 수 있다면 어떤 준비를 할 수 있을까?
활동지 칸	지진이 났을 때 내가 어디로 어떻게 움직여야 할지 실제로 연습해 보는 도구입니다. 시나리오를 쓰고, 기능을 넣은 보드 키트를 만들어 볼 거예요.

2) 기능 구성하기+시나리오 쓰기

• 다음 기능 중 3~4개를 고르고, 내가 만든 기능도 하나 더해 보세요. 그리고 지진이 났을 때의 상황을 간단하고 구체적인 글로 표현해 보세요.

항목	설명
탁자 아래 대피	탁자 아래로 들어갈 수 있는 구조를 만들어요.
문 열기 장치	문이 접히거나 열리게 만들어 탈출 경로를 확보해요.
불 끄기 스위치	가스나 전기를 끄는 스티커 버튼을 구성해요.
공터 이동 통로	캐릭터가 운동장이나 공원처럼 트인 공간으로 이동할 수 있게 설계해요.
내가 만든 기능	야광 스티커 → 어두운 곳에서도 대피 경로를 밝히는 일을 해요.
시나리오 예시	저는 지진 대피 키트에 탁자 아래 숨기, 문 열기 장치, 불 끄기 스위치, 공터로 가는 통로를 넣었어요. 진동을 느끼자 탁자 아래 몸을 숨겼고, 흔들림이 멈춘 뒤엔 문을 열고 불을 껐어요. 마지막엔 통로를 따라 공터로 대피할 수 있었어요.

3) 키트 설계도 그리기

• 보드판이나 교실(또는 집) 구조 위에 기능 위치를 그리고, 말풍선으로 설명을 적으세요. 대피 순서는 화살표로 연결하고, 내가 만든 기능은 색이나 테두리로 눈에 띄게 표시해 보세요.

표현 예시	① 깃발 펄럭임 ② 탁자 아래 숨기 ③ 문 열기
	④ 전기와 가스 차단 ⑤ 공터로 이동 ⑥ 야광 스티커 따라 이동

4) 발표와 친구 질문 응답

발표 항목	예시 문장
키트 이름	'지오몽 지진 탈출 키트'입니다.
내가 고른 기능	탁자 아래 숨기, 문 열기 장치, 불 끄기 스위치, 공터로 가는 통로를 넣었어요.
내가 만든 기능	야광 스티커가 밤중이나 어두운 곳에서도 대피 경로를 밝혀 줘요.
시나리오 요약	지진이 나자 깃발이 펄럭이고, 탁자 아래 숨었다가 문을 열고 공터로 나갔어요.
친구 질문과 응답	지진이 밤에 나면요? → 야광 스티커가 길을 알려 줘요.

🌱 교사용 지도 포인트

단계	유도 질문 예시
문제 인식	지진은 왜 생길까? / 어떤 장소에서 더 위험할까?
기능 구성	탁자 아래 숨는 이유는? / 문은 왜 미리 열어 두는 게 좋을까?
내가 만든 기능	네가 만든 기능은 어떤 위험을 줄여 주나? / 그 기능은 언제 가장 필요할까?
시나리오 구성	네 키트는 실제 상황에 맞나? / 가장 중요한 기능은 뭐였니?
발표 유도	친구와 비교해서 다른 점은? / 너만의 아이디어는 어떤 점이 좋았니?

🌱 지진 대피 시뮬레이션 키트 만들기 STEAM 활동 평가 루브릭

평가 항목	평가 루브릭			
	5점(매우 우수)	4점(우수)	3점(보통)	2점 이하(미흡)
과학 개념 이해(지진 원리, 지각판 구조, 대피 요령)	지진 원리, 지각판 구조, 대피 요령을 정확히 이해함. 과학 용어를 적절히 사용하고 설명했으며 설계에 일관되게 반영한 것이 보임	개념이 대부분 정확히 표현되고, 용어 사용과 활동 연결도 비교적 자연스러움	개념이 일부 표현되었지만 설명이 단편적이며 내용 연결이 약해 매끄럽지 않음	개념이 거의 드러나지 않거나 활동 내용과 맞지 않아 의미 전달이 어려움
기능 구성과 흐름 완성도(기능 선택+내가 만든 기능+대피 과정 연결+창의적 설계)	기능과 대피 절차를 논리적으로 연결하고, 내가 만든 기능을 창의적으로 설계하여 시나리오 전체에 자연스럽게 반영함	기능 연결이 비교적 잘되고, 창의 기능도 포함됨. 시나리오도 나쁘지 않음	기능은 있으나 연결이 단편적이고, 창의 기능 또는 시나리오 설명이 부족함	기능이 단순 나열되어 있고, 창의 기능이 없거나 기능의 연결성이 없음
시각 표현과 설계도 완성도(화살표, 위치 설명, 말풍선 구성)	기능 위치와 기능 간 연결, 설명이 시각적으로 명확히 표현됨. 화살표·말풍선·강조 등 시각 요소를 적절하게 활용함	시각 요소 대부분이 적절하게 표현되어 있고, 구조도 비교적 명확함	일부 설명 또는 표현이 부족하거나 구조와 방향의 구분이 다소 약함	그림만 있고 설명이 거의 없거나 전체적인 전개 표현이 잘 드러나지 않음
설명력과 발표 참여(시나리오 설명+친구 질문 응답)	발표가 조리 있고 설명과 시나리오가 자연스럽게 이어짐. 친구 질문에도 논리적이고 창의적으로 응답함	발표가 비교적 충실하고, 친구의 질문에도 대부분 자연스럽게 잘 응답함	설명이 짧거나 핵심이 부족하며, 질문에 대한 응답도 전반적으로 부족함	발표 전개가 다소 단편적이며, 친구의 질문에도 전혀 응답하지 못함
참여 태도와 협력성(활동 집중도+친구와의 협력)	활동에 몰입하며 기능 구성과 설계를 성실히 완성함. 친구와 피드백과 협력도 활발히 이루어짐	대부분의 시간에 성실히 참여하고, 협력적으로 활동함	활동에는 참여했지만 협력이나 피드백이 다소 소극적임	수동적으로 참여하고, 소통·협력·완성도가 모두 낮음

※총점 기준 해석표(총 25점)
★23~25점 : 매우 우수 ★19~22점 : 우수 ★15~18점 : 보통 ★10~14점 : 미흡 ★1~9점 : 매우 미흡

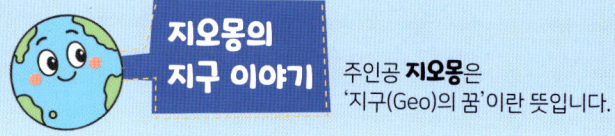

지오몽의 지구 이야기

주인공 **지오몽**은
'지구(Geo)의 꿈'이란 뜻입니다.

화산 과 백두산 천지

■ 백두산 천지는 화산 폭발로 생겼다.

천지는 백두산 꼭대기에 있는 호수야. 세계 10대 호수 가운데 하나지. 백두산은 북한과 중국을 가르는 국경 지역에 솟아 있는 산이야. 높이는 2750미터쯤 되는데, 한반도에서 가장 높은 산이지.

천지의 둘레는 약 13킬로미터이고, 넓이는 서울 여의도의 3배를 조금 넘어(9.2제곱킬로미터). 물의 깊이는 가장 깊은 곳이 442미터래. 천지에는 약 20억 톤(1톤은 1000킬로그램)의 물이 담겨 있어. 우리나라에서 가장 큰 댐인 소양강 댐에 가둘 수 있는 물의 양이 29억 톤이니 어마어마하지. 그런데 그 높은 곳에 어떻게 그렇게 깊고 큰 호수가 생겼을까.

■ 강원도 춘천시 신북읍 소양강에 있는 소양강댐.

백두산은 서기 900년대에 크게 폭발한 화산이야. 천지 밑에는 지하 10킬로미터(최대 추정치) 지점에 거대한 마그마방이 있는 걸로 알려져 있어. 거기에서 1000도가 넘는 마그마가 화산 가스를 가득 품은 채 땅 위로 솟구칠 때만 기다리지. 왜 그곳에 마그마가 괴어 있을까.

46억 년 전 지구가 탄생했을 때는 전체가 불덩이였어. 시간이 지나면서 겉은 식고 중심부는 아직 뜨거운 거지. 그러니 지하로 내려갈수록 온도가 높아지는데, 100미터 깊어질 때마다 3도씩 올라가. 땅거죽의 온도가 0도라면 지하 20킬로미터는 600도가 넘겠지. 그럼 지하 200킬로미터의 온도는 6000도일까.

■ 화산 폭발(분화) 장면.

■ 원시 지구의 모습을 상상한 그림.

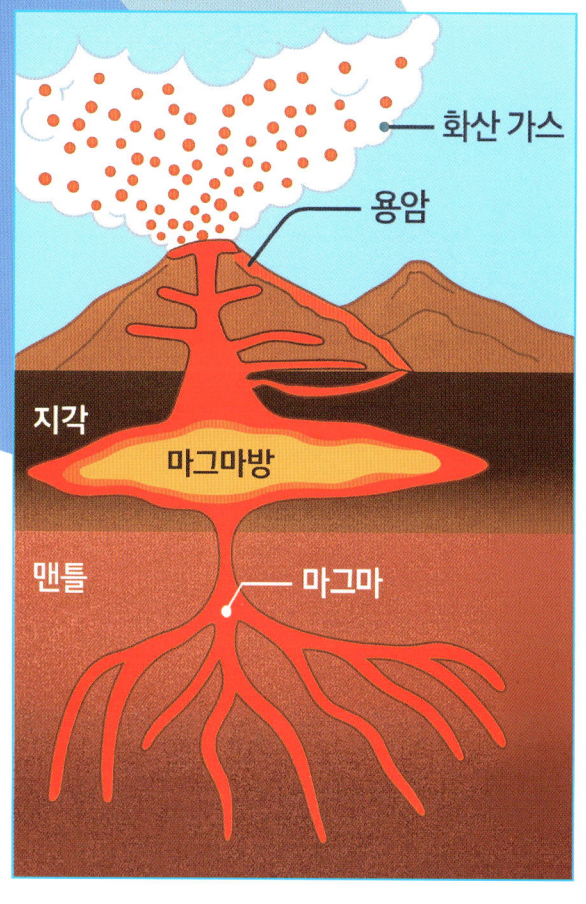

화산 가스
용암
지각
마그마방
맨틀
마그마

하지만 지하로 내려갈수록 온도가 오르는 폭이 점점 줄어든대. 그래서 지구 중심부의 온도는 태양 표면의 온도와 맞먹는 6000도쯤 될 거래. 그런데 지하 10킬로미터의 온도도 웬만한 물질은 다 녹는 300도가 넘어. 천지 밑의 마그마방도 지하 10킬로미터(최대 추정치)에 있다고 했지.

마그마란 깊은 땅속에서 열을 받아 녹아 있는 액체 상태의 물질을 말해. 마그마는 고체로 이뤄진 맨틀보다 가벼워서 맨틀의 위쪽으로 올라오게 되어 있어. 마그마는 거기서 다시 지각의 틈을 따라 올라오다가 지하 어느 지점에 호수처럼 고이는데, 그곳이 마그마방이야.

맨틀
지각
외핵
내핵

■ 지구의 내부 모습.

마그마에는 가스로 쉽게 바뀌는 성분이 들어 있어. 마그마가 땅의 표면 가까이 올라올수록 그 성분이 가스로 바뀌면서 위로 솟구치려는 강한 압력이 만들어지지. 압력이 세지면 어느 순간 지각의 약한 틈을 뚫고 땅 위로 솟구치는데, 이것이 화산 활동(분화)이야.

땅 위로 치솟은 마그마의 가스 성분이 날아가고 액체 상태로 된 물질을 용암이라고 해. 백두산 천지의 경우 화산 폭발 전에는 다른 산들처럼 봉우리가 있었어. 그런데 폭발할 때 중심부가 무너지면서 가운데에 구멍이 생겼지. 그리고 시간이 지나면서 빗물과 눈 녹은 물이 고여서 천지가 만들어진 거야.

■ 화산이 폭발한 뒤 산봉우리가 사라지고 구멍이 뚫린 분화구의 모습.

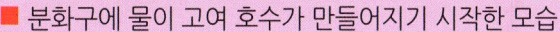

■ 분화구에 물이 고여 호수가 만들어지기 시작한 모습.

나만의 화산 분화 경고 장치 만들기

🌱 활동 목표

* 화산이 분화하는 과정과 마그마방, 압력, 가스 등의 작용을 이해한다.

* 화산 분화 전 지표에 나타나는 신호를 탐색하고, 이를 감지하는 장치를 설계한다.

* 경고 장치의 구조를 그림으로 표현하고, 각 기능의 역할을 설명할 수 있다.

* 기본 기능에 더해 자신만의 창의적인 기능을 고안하여 전체 장치에 적용한다.

🌱 수업 전 배경과 개념 설명

* **마그마** 지구 깊은 곳에서 암석이 열에 의해 녹아 생긴 뜨거운 액체.

* **마그마방** 마그마가 모여 있는 땅속 공간. 시간이 지날수록 압력이 증가한다.

* **화산 분화** 마그마와 가스가 땅속 압력에 의해 지각을 뚫고 분출되는 현상.

* **화산 가스** 분화 전에 증가하면서 위험 신호가 됨. 감지 센서의 주요 대상이다.

* **압력** 마그마와 가스가 밀집되면서 점점 커지는 힘.

🌱 수업 활동

1) 문제 인식과 분석

도입 발문	마그마가 분화하기 전, 땅 위에서는 어떤 변화가 먼저 나타날까? / 그 신호를 빠르게 감지할 수 있는 장치를 만든다면 어떤 기능이 필요할까? / 화산 폭발 전 변화를 잘 알아내려면 어떤 정보를 관찰할까?
활동지 칸	이 활동은 화산이 분화되기 전에 생기는 다양한 신호를 감지하고, 사람들에게 위험을 미리 알려 주는 나만의 경고 장치를 만드는 실험입니다.

2) 기능 구성하기+시나리오 쓰기

• 다음 기능 중 3~4가지를 고르고, 내가 만든 기능을 하나 더해 보세요. 지진이 발생했을 때 그 기능들이 어떤 순서로 작동하는지 상상해 글로 표현해 보세요.

항목	설명
지진 감지기	마그마가 움직일 때 땅이 흔들리는 진동을 감지해요.
가스 센서	분화 전에 증가하는 지하 가스의 양을 감지해요.
온도 센서	지표 온도가 오르면 마그마가 가까이 왔다는 신호일 수 있어요.
경고 방송기	위험 상황을 소리 또는 불빛으로 경고해요.
내가 만든 기능	열기 압력 센서 → 열기와 압력을 함께 감지해 폭발 징후(낌새)를 더 정확히 알아내요.
시나리오 예시	마그마가 지하에서 차오르며 땅이 흔들리고 온도가 올라가기 시작했어요. 지진 감지기와 온도 센서가 이를 감지해 경고등이 반짝였어요. 제가 만든 열기 압력 센서는 위험 수치를 넘자 경보음을 울렸어요. 사람들은 재빨리 대피했고, 모두 무사히 안전한 곳으로 이동했어요.

3) 설계도 그리기

• 각 기능의 위치를 설계도에 그리고, 연결은 화살표로 표시해 보세요. 말풍선이나 짧은 문장으로 기능을 설명하고, 내가 만든 기능은 색이나 테두리로 강조해 구별하세요.

표현 예시	이 센서는 땅속 흔들림을 감지해 지진 전조(조짐)를 알려요. / 가스가 많아지면 경고등이 깜빡여요. / 온도가 오르면 경고음이 울려요. / 압력과 열기를 감지해 폭발 위험을 알려요. / 화산재가 많아지면 마스크 알림이 떠요.

4) 발표와 친구 질문 응답

발표 항목	예시 문장
장치 이름	'마그마 알리미 2.0'을 만들었어요.
내가 고른 기능	지진 감지기, 온도 센서, 가스 센서, 경고 방송기를 넣었어요.
내가 만든 기능	열기 압력 센서를 만들었어요. 위험 수치를 넘으면 경보음이 울려요.
시나리오 요약	마그마가 차오르자 경고등이 켜지고 경보음이 울려서 모두 대피했어요.
친구 질문과 응답	열기 센서를 왜 만들었어요? → 기존 센서로는 폭발 직전 압력 감지가 어려워서요.

🌱 교사용 지도 포인트

단계	유도 질문 예시
문제 인식	마그마가 움직이면 땅 위에 어떤 신호가 생길까? / 그 신호를 어떻게 알 수 있을까?
기능 구성	어떤 기능을 모아야 경고가 가능할까? / 기능들이 어떻게 함께 작동할까?
내가 만든 기능	네 기능은 어떤 문제를 해결하니? / 기존 기능과 어떻게 다르니?
시나리오 구성	위기는 어떤 순서로 오니? / 그 순서와 연결된 기능은 어떻게 작동하니?
발표 유도	친구의 장치와 다른 점은 뭐니? / 가장 창의적이라고 생각한 부분은 어디니?

🌱 나만의 화산 분화 경고 장치 만들기 STEAM 활동 평가 루브릭

평가 항목	5점(매우 우수)	4점(우수)	3점(보통)	2점 이하(미흡)
과학 개념 이해(마그마, 화산 가스, 압력, 분화 원리)	마그마, 화산 가스, 압력 개념을 잘 이해하고 과학 용어를 적절히 사용함. 기능 구성이나 설명에도 개념이 잘 반영됨	개념이 대부분 잘 드러나고, 용어 사용도 적절함. 기능 구성과의 연결도 자연스러움	개념은 일부 드러났지만 설명이 부족하거나 연결이 약함. 과학 용어 사용도 제한적임	개념이 거의 드러나지 않거나 활동과 연결되지 않음. 설명도 짧고 이해하기 어려움
기능 구성과 흐름 완성도(기능 선택+내가 만든 기능+작동 연결+창의적 설계)	기능 구성과 작동 순서가 논리적으로 연결됨. 만든 기능도 창의적으로 설계되어 시나리오에 자연스럽게 반영됨	기능이 대부분 연결되어 있으며 내가 만든 기능도 포함됨. 시나리오도 비교적 충실함	기능은 있으나 연결이 약하고 만든 기능 설명이 부족함. 전체가 단편적으로 구성됨	기능이 단순 나열되고 만든 기능이 없거나 작동이 드러나지 않음. 설명도 미흡함
시각 표현과 설계도 완성도(기능 위치, 기능 연결, 말풍선, 색상 구분)	기능 위치와 작동 순서가 설계도에 구조적으로 명확히 표현됨. 말풍선과 시각 요소도 효과적으로 구성됨	대부분의 시각 요소가 적절히 표현되어 있음. 기능 연결과 역할도 비교적 잘 드러남	기능은 표현되었지만, 위치나 작동 순서 설명이 부족하거나 혼동돼, 설계 구조가 모호함	그림만 있고 기능 설명이나 작동 관계가 거의 드러나지 않음. 구조 이해가 어려움
설명력과 발표 참여(시나리오 설명+친구 질문 응답)	시나리오 설명이 조리 있고 기능 연결도 명확하게 이루어짐. 친구 질문에도 논리적으로 응답함	발표 흐름이 비교적 자연스럽고 기능 설명도 충실함. 질문 응답도 대부분 잘 이루어짐	설명이 짧거나 발표 흐름이 약해 내용 전달이 부족하고, 친구 질문 응답도 제한적임	설명이 단편적이며 친구의 질문에도 응답하지 못함. 발표 내용 전달이 부족함
참여 태도와 협력성(활동 집중도+친구와의 협력)	활동에 집중하며 설계를 성실히 완성함. 친구와의 협력도 적극적으로 이루어짐	대부분 성실히 참여하고 협력·소통도 잘 이뤄짐. 활동에도 집중함	활동에는 참여했으나 협력·소통이 소극적임. 집중도와 발표도 부족함	활동이 소극적이며 협력과 소통 모두 부족함. 완성도도 낮음

※총점 기준 해석표(총 25점)
★23~25점 : 매우 우수 ★19~22점 : 우수 ★15~18점 : 보통 ★10~14점 : 미흡 ★1~9점 : 매우 미흡

지오몽의 지구 이야기
주인공 **지오몽**은
'지구(Geo)의 꿈'이란 뜻입니다.

지구에서 가장 높은 산 '에베레스트'

지구에서 가장 높은 산은 높이 8848미터의 에베레스트야. 히말라야 산맥에서 최고 높은 봉우리지. 이 산맥과 이웃 산맥(카라코람)에는 에베레스트를 포함해 8000미터를 넘는 산이 14개나 있어. 그래서 '세계의 지붕'으로 불려. 산맥은 여러 산이 잎맥(또는 핏줄)처럼 연이어 늘어서 있는 곳을 말해. 우리나라에도 태백산맥이 있지.

에베레스트라는 산의 이름은 영국의 공학자 조지 에베레스트(1790~1866)의 이름에서 따왔어. 그는 인도 대륙의 땅 높이와 위치를 재는 측량 사업을 이끌었대. 그런데 1865년까지 현지에서 부르는 그 산의 공식 이름이 없어서, 그의 업적을 기리려고 붙인 거래.

■ 히말라야 산맥의 위치. (사진 : 한입테크 블로그)

히말라야 산맥은 인도의 북쪽에서 중국의 티베트 고원 남쪽까지 동서로 길게 뻗어 있지. 길이는 약 2400킬로미터야. 서울과 부산까지 거리의 여섯 배지. 산맥이 길다 보니, 걸쳐진 나라만도 파키스탄과 인도, 네팔, 부탄, 중국 등 여러 곳이야. 특히 산맥 중간에는 네팔과 부탄이 자리하고 있지.

에베레스트 꼭대기는 눈으로 덮여 있고, 그 밑은 석회암 등으로 되어 있어. 이곳에서는 조개와 산호 등 바다 생물의 화석이 발견된대. 옛날에 바다였기 때문이야. 약 5000만 년 전에 남쪽의 인도 대륙이 북쪽으로 이동하면서 아시아 대륙과 충돌할 때 바다에 쌓인 퇴적물이 솟은 거래.

■ 에베레스트에서 발견된 바다 생물 화석. (사진 : 한국 광물자원공사 블로그)

■ 에베레스트를 세계 최초로 오른 에드먼드 힐러리.

■ 우리나라 사람 최초로 에베레스트에 오른 고상돈.

　세계 최초로 에베레스트에 오른 사람은 뉴질랜드의 탐험가 에드먼드 힐러리(1919~2008)와 네팔의 셰르파 텐징 노르게이(1914~86)야. 이들은 1953년 5월 29일 산꼭대기에 똑같이 발을 내디뎠대. 1977년 9월 15일에는 고상돈(1948~79)이 우리나라 최초이자 세계 14번째로 성공했어.

　이탈리아 등산가인 라인홀트 메스너(1944~)는 세계 최초로 히말라야의 8000미터급 봉우리 14곳을 1986년까지 모두 올랐지. 2025년 현재 72명이 14개 봉우리를 다 올랐어. 우리나라와 이탈리아 사람이 각각 7명으로 제일 많아.

이런 뜻이에요

석회암 물속에 사는 동물의 뼈나 조개, 소라 껍데기 등이 쌓여 만들어진 암석.
셰르파 네팔 히말라야의 등산 안내인을 이르는 말. 등산 전체 일정과 등산 코스 선정까지 도와준다.

아시아의 에베레스트가 세계에서 가장 높다면, 다른 대륙에도 각각 최고봉이 있어. 남미에서는 아르헨티나의 안데스 산맥에 있는 아콩카과(6961미터)가 가장 높아. 산소가 부족해 고산병에 대비해야 해. 북미의 최고봉은 알래스카에 있는 데날리(6190미터)야. 오르려면 혹독한 날씨와 싸워야 하지.

아프리카에는 탄자니아의 킬리만자로(5895미터)가 있어. 더운 곳이지만, 꼭대기에는 빙하가 남아 있어서 풍경이 독특해. 남극 대륙에서는 빈슨 매시프(4892미터)가 가장 높아. 거센 바람과 빙하 때문에 오르기 쉽지 않아. 유럽에서는 러시아의 코카서스 산맥에 있는 엘브루스(5642미터)를 보통 최고봉으로 보지. 꼭대기는 눈과 얼음으로 덮여 있어.

이런 뜻이에요
고산병 높은 산에 올라갈 때 산소가 부족해 숨쉬기 어렵고 머리가 아프거나 어지러운 증상.

나만의 최고봉 만들기

🌱 활동 목표

* 세계 여러 대륙의 가장 높은 산을 알고 특징을 비교한다.
* 산의 높이, 기후, 생김새에 따라 환경이 다름을 이해한다.
* 실제 산을 참고해 나만의 산을 창의적으로 설계하고 설명한다.
* 상상의 산을 설계도와 시나리오로 표현하고 발표한다.

🌱 수업 전 배경과 개념 설명

* **고도** 땅의 높이. 높을수록 기온과 공기가 달라진다.
* **산맥** 여러 산이 줄처럼 이어진 지형.
* **대륙 최고봉** 각 대륙에서 가장 높은 산(예 : 데날리, 아콩카과 등).
* **기압** 공기의 무게가 누르는 힘. 산 위로 올라갈수록 공기층이 얇아져서 기압이 낮아진다.
* **빙하** 산 위의 눈이 오랫동안 쌓여서 생긴 얼음. 기온이 낮으며 높은 곳에서 만들어진다.

🌱 수업 활동

1) 문제 인식과 분석

도입 발문	세계 여러 대륙의 산들은 왜 모양과 높이가 다를까? / 어떤 산엔 눈이 쌓이고, 어떤 산엔 안 쌓이는 이유는 뭘까? / 내가 만든 산은 어디에 있고, 어떤 모습일까?
활동지 칸	세계의 여러 산을 참고해 내가 오르고 싶은 '나만의 최고봉'을 설계해 보세요. 산의 이름, 높이, 위치, 생김새, 날씨를 정하고, 그 산에 오르는 탐험 이야기를 시나리오로 써 보세요.

2) 기능 구성하기+시나리오 쓰기

• 아래 기능 중 3~4개를 골라 산의 특징을 정하고, 내가 만든 산만의 특별한 기능 1개를 추가해 보세요. 산에 오르는 탐험대의 하루도 짧은 시나리오로 이어 보세요.

항목	설명
눈 덮인 정상	꼭대기에는 눈과 얼음이 쌓여 있어요.
가파른 절벽	중간에 오르기 힘든 절벽이 있어요.
얼음 동굴	산 안쪽에 얼음으로 된 동굴이 있어요.
바람 언덕	정상으로 갈수록 바람이 아주 세져요.
내가 만든 기능	별빛 지팡이 → 정상에서 별빛을 모아 밤하늘에 다시 퍼뜨릴 수 있어요.
시나리오 예시	'별빛산'을 오르기 시작했어요. 중간에 가파른 절벽이 나타나 힘들었지만 조심하며 올랐어요. 동굴 안엔 얼음이 반짝였고, 바람 언덕에서는 세찬 바람이 불었어요. 정상에 닿자 '별빛 지팡이'로 모은 별빛이 밤하늘에 흩어졌고, 그 빛은 길을 잃은 탐험가들을 도왔어요.

3) 설계도 그리기

• 선택한 특징을 산 위에 배치하고, 그 흐름을 그림으로 표현해 보세요. 산의 높이, 꼭대기, 생김새, 날씨, 특징이 잘 보이도록 말풍선이나 숫자 순서로 설명을 붙여 보세요.

표현 예시	① 산 아래 절벽이 있어요.　　　　　　② 그 위엔 바람 부는 언덕이 나와요. ③ 언덕 뒤 얼음 동굴 안이 반짝여요.　④ 정상엔 눈과 얼음이 쌓여요. ⑤ '별빛 지팡이'로 별빛을 모아 하늘을 밝혔어요.

4) 발표와 친구 질문 응답

발표 항목	예시 문장
산 이름	'별빛산'이에요.
내가 고른 기능	가파른 절벽, 바람 언덕, 얼음 동굴, 눈 덮인 정상이에요.
내가 만든 기능	'별빛 지팡이'는 밤이 되면 별빛을 모아 하늘을 밝혀 줘요.
시나리오 요약	절벽과 언덕을 넘어 동굴을 지나 정상에 올라 별빛으로 하늘을 밝혔어요.
친구 질문과 응답	바람 언덕에서 길을 잃으면요? → 지팡이를 들면 별빛이 길을 보여 줘요.

🌱 교사용 지도 포인트

단계	유도 질문 예시
문제 인식	어떤 힘이 산을 밀어 올렸을까? / 높은 산은 왜 위험한 장소가 되었을까?
기능 구성	네 산에서는 어떤 환경을 지나야 해? / 그곳을 통과하려면 어떤 능력이 필요할까?
내가 만든 기능	탐험가를 도우려고 만든 기능이야? / 이 기능은 어느 지점에서 쓰이게 될까?
시나리오 구성	네 산을 오르는 동안 위기는 언제였어? / 그 순간을 어떻게 해결했니?
발표 유도	네가 만든 산은 왜 꼭 한 번 탐험해야 할까? / 그 산을 통해 어떤 이야기를 하고 싶었니?

🌱 나만의 최고봉 만들기 STEAM 활동 평가 루브릭

평가 항목	평가 루브릭			
	5점(매우 우수)	4점(우수)	3점(보통)	2점 이하(미흡)
과학 개념 이해 (고도, 기압, 기후, 산의 생성)	고도, 기압, 기후와 같은 개념을 정확히 이해하고 설계와 시나리오에 잘 반영함. 개념과 용어가 설명에 구체적으로 담김	개념이 대체로 잘 드러나며, 산의 구성이나 시나리오의 흐름에도 비교적 잘 녹아 있음	개념은 일부 표현되었지만 전체적인 내용 설명이 부족하고 설계와의 연결이 매우 약함	개념 이해가 매우 부족하고 신의 구성이나 기능 설명과 연결되는 부분이 거의 없음
기능 구성과 흐름 완성도(기능 구성+내가 만든 기능+기능 연결+창의적 설계)	산의 주요 기능들이 구조적으로 잘 연결돼 있고, 내가 만든 기능의 이유와 창의성이 드러나며 기능 순서도 뚜렷함	기능 구성과 탐험 순서가 자연스럽고, 만든 기능과 창의 구성 중 일부가 적절히 반영됨	기능은 있으나 연결이 약한 데다 내가 만든 기능에도 창의적 아이디어가 부족함	기능이 단순 나열되어 있고, 탐험 과정 설명이나 창의적 요소가 거의 없음
시각 표현과 설계도 완성도(기능 배치, 부위 설명, 화살표, 색상 구분)	기능의 위치와 산의 특징이 말풍선이나 기호 등으로 명확하게 표현되어 있고, 전체 구조의 진행 과정도 쉽게 이해됨	기능과 설명이 잘 정리되어 있으며, 전체적인 탐험의 과정도 대체로 이해 가능함	기능은 있으나 위치가 맞지 않고 설명이 부족해서 전체 산의 구조를 파악하기 어려움	그림만 있고 설명이 거의 없으며 전체 산 구조가 매우 모호하게 보임
설명력과 발표 참여(시나리오 설명+친구 질문 응답)	발표 흐름이 조리가 있고 자연스럽게 이어지며, 시나리오도 잘 드러나고 친구 질문에도 논리적으로 응답함	설명과 발표가 대부분 자연스러우며, 친구의 질문에도 자신 있게 잘 답함	발표가 짧거나 설명이 부족한 데다, 친구의 질문에 대한 응답도 다소 단편적임	발표가 매우 소극적이며 설명과 응답이 부족해 이야기의 흐름이 끊김
참여 태도와 협력성(활동 집중도+친구와의 협력)	활동에 적극 참여하고 산의 구성과 시나리오에 집중했으며, 친구와의 피드백·협력도 활발함	활동에 성실히 참여하고 친구와의 협력도 비교적 잘 이루어짐	활동엔 참여했지만 집중도나 친구와의 협력이 부족함	활동에 소극적이고 친구와의 협력과 소통이 거의 없음

※총점 기준 해석표(총 25점)
★23~25점 : 매우 우수 ★19~22점 : 우수 ★15~18점 : 보통 ★10~14점 : 미흡 ★1~9점 : 매우 미흡

지구에서 가장 깊은 바다 '마리아나 해구'

지구에서 가장 높은 산은 에베레스트야. 가장 깊은 바다는 어디일까. 태평양의 괌 근처에 있는 마리아나 해구야. 평균 깊이는 7000~8000미터쯤이래. 마리아나 해구에서도 가장 깊은 곳은 1만 984미터(2010년 미국 해양 대기청 기록)나 된대. 에베레스트를 통째로 넣고도 2000미터가 남을 만큼 깊은 거지.

해구란 깊은 바다에서 움푹 들어간, 좁고 긴 곳이야. 육지에서 보면 깊은 계곡인 셈이지. 해구는 보통 깊이가 6000미터를 넘어. 지구 전체의 바다에는 25~27개의 해구가 있대. 그 가운데 하나는 인도양, 4개는 대서양, 나머지는 태평양에 있다고 해.

중국 한국 일본
필리핀
마리아나 해구
평균 수심 : **7000~8000** 미터
태평양
호주

■ 잠수정 트리에스테호에 탄 채 마리아나 해구 탐사를 마치고 올라온 자크 피카르와 돈 월시. 탐사를 마친 뒤 올라오는 데는 약 3시간 15분이 걸렸다.

■ 잠수정 트리에스테호.

1960년 1월 23일 이른 아침이었어. 스위스의 해양학자인 자크 피카르와 미국의 해군 중위 돈 월시는 잠수정(트리에스테호)을 타고 마리아나 해구 탐사에 나섰어. 잠수정은 4시간 48분 동안이나 내려갔지. 마침내 1만 916미터(현재 공인 기록은 1만 927미터) 깊이의 바닥에 닿았어. 진흙탕 물이 일었어. 그 바람에 두 사람은 바닥에 머무는 20분 동안 밖을 제대로 보지 못했지.

마리아나 해구 등 깊은 바다를 본격적으로 탐사하기 시작한 것은 기술이 발달한 1980년대부터야. 깊은 바다는 빛이 닿지 않아 깜깜해. 게다가 밑으로 내려갈수록 압력이 세지기 때문이야.

■ 마리아나 해구에서 사는 꼼치. 몸이 투명하다.

　사람이 맨몸으로 마리아나 해구에 들어가면 쥐포처럼 납작해져. 물이 누르는 압력은 사람이 땅에서 받는 압력(1기압)의 1100배나 된단 말이야. 10미터 깊어질 때마다 수압이 1기압씩 높아지거든. 엄지손가락 위에 코끼리를 올려놓았다고 보면 될 거야. 물의 온도도 냉장고 안처럼 차가워.

　그렇게 깊은 곳에서도 물고기가 산다면 믿겠어? 그런데 2017년에 마리아나 해구의 8178미터 깊이에서 꼼치가 발견되었어. 뜻밖에도 몸이 탄탄하거나 강하지 않고, 젤리 모양이었대. 내장이 훤히 드러나 보였는데, 연약하지만 평화로운 모습이었지. 빛이 닿지 않아서 식물은 없었어.

깊이 2000미터가 넘는 바다의 생물은 빛도 없는 곳에서 물만으로 살지. 우주 과학자들은 여기서 힌트를 얻었어. 빛이 없어도 물이 있으면 생명이 살 수 있는 곳으로 보고, 우주를 연구 중이야.

그런데 마리아나 해구에서 사람이 버린 쓰레기가 발견되었대. 미국의 해저 탐험가 빅터 베스코보가 2019년 5월에 잠수정을 타고 마리아나 해구 약 1만 927미터 지점을 탐사했지. 그곳에서 새로운 종류의 생물을 발견할 때까진 신났어. 잠시 후 그의 눈에는 플라스틱 가방과 사탕 포장지가 떠다니는 모습이 보였지. 마리아나 해구에서 쓰레기가 발견되다니 믿고 싶지 않은 이야기야.

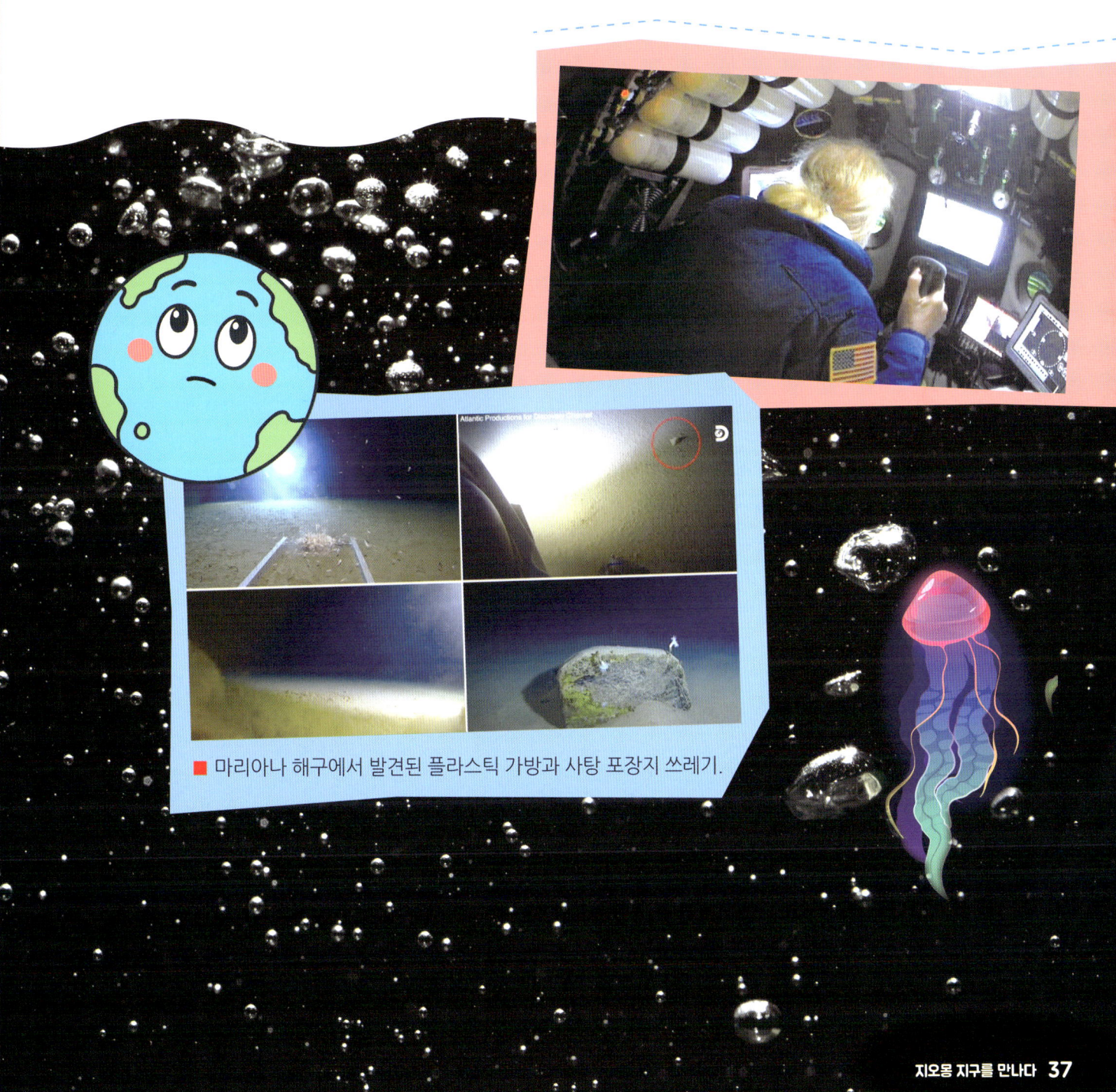

■ 마리아나 해구에서 발견된 플라스틱 가방과 사탕 포장지 쓰레기.

심해 잠수정 설계하기

🌱 활동 목표

* 마리아나 해구의 위치, 깊이, 해양 환경의 특성을 이해한다.
* 심해의 압력, 어둠, 저온 같은 극한 조건에서 생존과 탐사가 어려운 이유를 학습한다.
* 사람이나 탐사 장비가 심해에 도달하려면 어떤 구조가 필요한지 생각해 본다.
* 심해 탐사용 잠수정을 직접 설계하고, 구조와 기능을 시각적으로 표현한다.

🌱 수업 전 배경과 개념 설명

* **심해** 바다 깊이 6000미터 이상의 빛이 없고 압력이 세며 온도가 매우 낮은 곳.
* **압력** 물속에서 아래로 갈수록 커지는 물의 누르는 힘.
* **잠수정** 사람이 타거나 조종해서 바닷속을 탐험하는 탈것.
* **단열 구조** 바깥의 추위를 막고 안쪽 온기를 유지하는 구조.
* **관찰창** 바깥을 보기 위해 만든 두껍고 깨지지 않는 창문.

🌱 수업 활동

1) 문제 인식과 분석

도입 발문	심해는 어떤 곳일까요? / 사람이 그곳에 들어가면 어떤 일이 생길까요? / 그런 바다를 탐사하려면 어떤 잠수정이 필요할까요?
활동지 칸	이 잠수정은 사람이 아주 깊은 바닷속까지 안전하게 내려가 생물을 보고, 시료(샘플)를 모아서, 다시 무사히 돌아올 수 있도록 만든 탐사 장치입니다.

2) 기능 구성하기＋시나리오 쓰기

• 다음 기능 중에서 3~4개를 선택한 뒤, 내가 만든 기능 1가지를 추가해 보세요. 그리고 이 기능들이 어떤 상황에서 어떻게 쓰였는지를 간단한 이야기로 적어 보세요.

항목	설명
팔	샘플을 집고 생물을 살피는 로봇 팔이에요. 정확히 움직여야 해요.
관찰창	바깥을 보는 두꺼운 창문이에요. 깨지지 않아야 해요.
전등	어두운 바다를 밝혀서 생물을 볼 수 있게 해요.
산소 장치	사람이 숨쉴 수 있게 공기를 계속 돌려 줘야 해요.
내가 만든 기능	위험 탈출 버튼 → 위험하면 버튼을 눌러 잠수정이 위로 올라올 수 있어요.
시나리오 예시	잠수정 '바다봇 1호'는 어두운 심해로 내려가 전등을 켰어요. 관찰창으로 희귀한 심해 생물을 보다가 집게 팔로 조심스럽게 샘플을 집었어요. 갑자기 큰 물살이 밀려와서 '위험 탈출 버튼'을 눌렀더니 잠수정이 빠르게 위로 올라와 안전하게 돌아왔어요.

3) 설계도 그리기

• 잠수정의 겉과 안을 그리고, 관찰창·전등·조종석·산소 장치·팔 등 외에 내가 만든 기능을 넣으세요. 각 부위에 번호와 화살표를 붙이고, 말풍선으로 기능을 설명하세요. 내가 만든 기능은 굵은 선 등으로 구분해 보세요.

표현 예시	① 산소 장치가 공기를 돌려요. ② 조종석에서 방향을 조절해요. ③ 전등이 켜져 바다를 밝혀요. ④ 관찰창으로 생물을 살펴요. ⑤ 팔로 샘플을 집어요. ⑥ 탈출 버튼을 누르면 잠수정이 올라와요.

4) 발표와 친구 질문 응답

발표 항목	예시 문장
잠수정 이름	'바다봇 1호'를 만들었어요.
내가 고른 기능	전등, 관찰창, 산소 장치, 팔을 넣었어요.
내가 만든 기능	'위험 탈출 버튼'을 만들었어요. 위험할 때 자동으로 떠올라요.
시나리오 요약	바다봇 1호가 생물을 보고 샘플을 집은 뒤, 물살이 세서 탈출 버튼을 눌렀어요.
친구 질문과 응답	버튼이 고장 나면요? → 버튼이 두 개라서 하나만 작동해도 괜찮아요.

🌱 교사용 지도 포인트

단계	유도 질문 예시
문제 인식	바닷속 깊은 곳은 왜 무서울까? / 탐사정이 없으면 갈 수 있을까?
기능 구성	어떤 기능이 필수적일까? / 기능들끼리는 어떤 순서로 작동할까?
내가 만든 기능	내가 만든 기능은 어떤 상황에서 쓰일까? / 기존 기능과 어떤 점이 다를까?
시나리오 구성	언제 어떤 일이 생겼나? / 그때 어떤 기능이 작동했나?
발표 유도	친구의 잠수정과 어떤 점이 달랐나? / 가장 자랑하고 싶은 기능은 무엇인가?

🌱 심해 잠수정 설계하기 STEAM 활동 평가 루브릭

평가 항목	평가 루브릭			
	5점(매우 우수)	4점(우수)	3점(보통)	2점 이하(미흡)
과학 개념 이해(심해 환경, 압력, 어둠, 부력)	심해의 특징(빛 없음, 강한 압력, 낮은 온도 등)을 잘 이해하고, 기능과 정확히 연결했으며, 과학 용어도 바르게 사용함	개념을 대부분 이해하고 설명도 비교적 잘 이루어졌으며, 기능 구성도 자연스러움	개념은 일부 표현되었지만 설명이 짧거나 연결이 약해 흐름이 매끄럽지 않음	개념의 이해가 거의 없거나 틀리게 표현되어 활동 내용과도 맞지 않음
기능 구성과 흐름 완성도(기능 선택+내가 만든 기능+작동 순서+창의적 설계)	기능이 탐사 과정에 잘 맞춰 구성되었고, 자신만의 창의적인 장치나 아이디어도 구체적으로 표현됨	기능과 작동 순서가 대체로 잘 연결돼 있으며, 창의적인 요소도 포함되어 있음	기능은 있지만 단조롭고, 내가 만든 기능에 대한 설명이 부족하거나 덜 분명함	기능만 나열되어 있고, 연결성이 부족하며 창의성도 거의 드러나지 않음
시각 표현과 설계도 완성도(그림, 기능 배치, 색상, 설명선)	구조와 기능이 그림에 명확히 표현되었고, 색상, 말풍선, 번호, 화살표 등 시각 요소도 효과적으로 구성됨	대부분의 시각 요소가 잘 표현돼 있고, 기능 설명도 비교적 잘 전달되어 있음	그림은 있지만 기능의 설명이 다소 부족하거나, 색상의 구분이 약하게 되어 있음	그림만 있고 기능이 거의 드러나지 않아서 전체 구조를 이해하기 어려움
설명력과 발표 참여(시나리오 설명+친구 질문 응답)	시나리오 흐름이 자연스럽고 기능 작동 설명이 충실하며, 친구의 질문에 정확하고 논리적으로 응답함	이야기 전개와 기능 설명이 대부분 잘 이루어지며 질문 대응도 전반적으로 무난함	발표가 단조롭거나 기능 설명이 부족하고, 친구 질문에 대한 응답이 다소 미흡함	발표나 친구 질문에 대한 응답이 단편적이며, 전체적인 설명도 불충분함
참여 태도와 협력성(활동 집중도+친구와의 협력)	활동에 적극적이고 집중력과 책임감이 뛰어나며, 친구들과도 활발히 협력함	활동 참여도가 비교적 높고, 친구들과 협력도 비교적 잘 이뤄짐	활동에는 참여했으나 집중도가 낮고, 친구들과 협력이 부족함	활동 참여가 소극적이고 협력 태도가 거의 보이지 않음

※총점 기준 해석표(총 25점)
★23~25점 : 매우 우수 ★19~22점 : 우수 ★15~18점 : 보통 ★10~14점 : 미흡 ★1~9점 : 매우 미흡

지오몽의 지구 이야기 주인공 **지오몽**은 '지구(Geo)의 꿈'이란 뜻입니다.

지구는 왜 자전하는 걸까

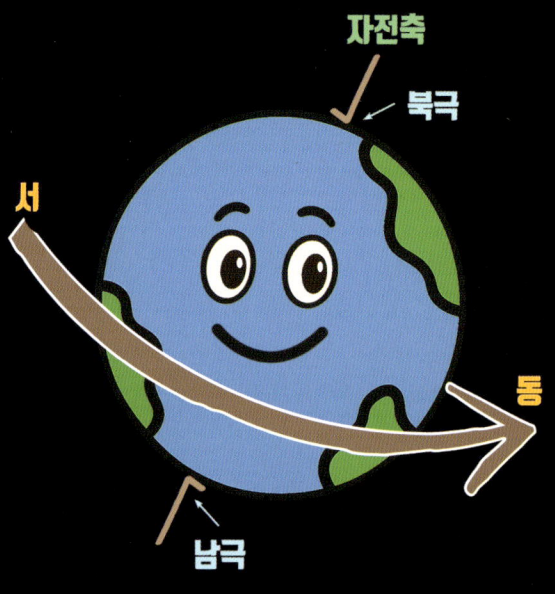

지구를 포함해 수성과 금성, 화성, 목성 등 태양계 가족은 모두 태양을 중심으로 1년(주기는 각각 다름)에 한 바퀴씩 돌아. 이러한 운동을 공전이라고 해. 그러면서 스스로 하루에 한 바퀴씩 돌지. 이러한 운동을 자전이라고 해. 지구는 23.5도쯤 기울어진 자전축을 중심으로 서쪽에서 동쪽으로 돌아. 지구가 한 바퀴 도는 시간을 1일이라고 해.

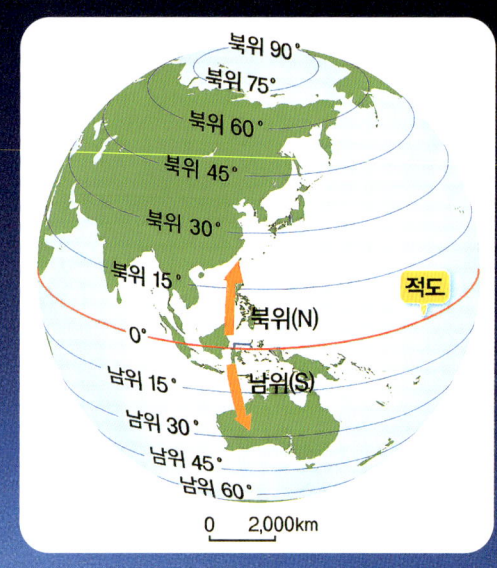

지구가 얼마나 빨리 도는지 볼까. 지구의 둘레는 적도에서 재면 4만 킬로미터쯤 돼. 하루가 24시간이니 1시간에 약 1670킬로미터, 1초에 465미터쯤 달리는 거야. 소리의 속도가 공기 중에서 1초에 약 340미터이니, 소리보다 빠른 셈이지.

이런 뜻이에요

적도 지구의 남극과 북극에서 같은 거리에 있는 지구 표면의 점을 이은 선.

그런데 사람들이 지구가 도는 걸 왜 못 느낄까. 산이나 바다, 건물, 공기 등 주변의 모든 물체가 함께 달리기 때문이야. 사람의 몸에는 회전을 느끼는 감각 기관이 있기는 하지. 하지만 지구처럼 하루에 한 바퀴 도는 느린 회전은 느끼지 못해.

그럼 지구가 도는 걸 어떻게 알 수 있을까. 태양과 달이 동쪽에서 떠 서쪽으로 지는 걸 보면 알 수 있어. 지구가 서쪽에서 동쪽으로 돌아 그렇게 보이는 거야. 낮과 밤이 생기는 까닭도 지구가 자전하기 때문이지. 별이 북극성을 중심으로 시계 반대 방향으로 회전하는 것처럼 보이는 이유도 지구의 자전 때문이야.

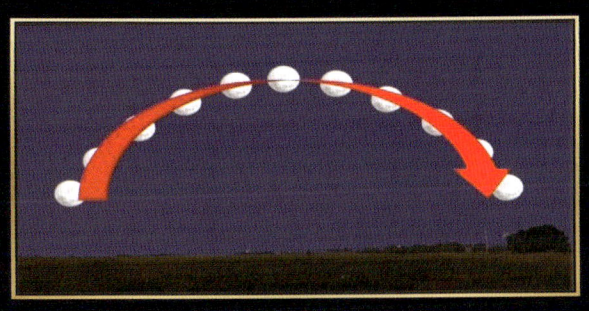

■ 달이 동쪽에서 떠서 서쪽으로 지기까지의 움직임.

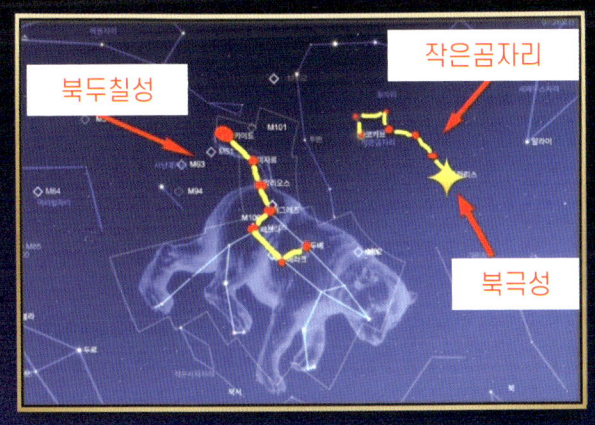

■ 별의 움직임을 찍은 모습.

이런 뜻이에요

북극성 지구 자전축을 기준으로 북극점 아주 가까이에 있는 별. 작은곰자리에서 가장 밝은데, 이 별자리는 북두칠성과 함께 우리나라의 밤하늘에 항상 떠 있다.

46억 년 전 지구가 생길 때는 가스와 먼지가 서로 엉겨 붙어 만들어졌어. 지름이 100킬로미터쯤 되고 둘레는 314킬로미터를 넘었지. 그런데 지구가 주변의 다른 물질을 잡아당겨 흡수하면서 덩치가 커졌어. 그러면서 끌어당기는 힘도 세져 주변의 천체들까지 잡아당겼지. 천체들이 끌어당겨지면서 지구와 충돌했어. 그때 큰 힘이 가해져 자전 속도가 빨라졌어.

또 한 가지는 지구가 태양을 공전하기 때문이야. 공전할 때 지구와 다른 궤도를 더 느리거나 빨리 돌던 천체들이 옆에서 비스듬히 부딪치면서 지구가 더 빨리 돌도록 밀어 주는 힘이 생긴 거지.

지구의 자전 속도는 지금 여러 가지 이유로 조금씩 느려지고 있어. 지구가 갑자기 자전을 멈추면 어떻게 될까. 지구에 있는 사람과 자동차, 건물 등은 계속 자전하려는 힘 때문에 시속 1670킬로미터로 동쪽을 향해 튕겨 나갈 거야. 슈퍼 태풍 같은 엄청난 바람이 불어닥치고, 바닷물의 일부는 극지방으로 쏠리면서 바다의 지형이 크게 바뀔 수도 있어.

낮과 밤의 주기도 사라지지. 극지방에서는 한쪽이 오랫동안 낮이거나 밤이 되고, 적도 근처는 긴 어둠이 지속될 거야. 하지만 걱정하지는 마. 하루가 1시간 늦어지려면 약 2억 년이나 더 지나야 한다니까.

반년 동안 낮이라서 잠도 못 자.

햇빛을 못 보니 우울증 걸릴 것 같아.

지구 자전 증거 추적 작전

🌱 활동 목표

* 지구 자전의 개념과 방향을 이해하고 말할 수 있다.
* 지구 자전을 직접 느낄 수는 없지만, 하늘의 움직임을 통해 간접적으로 안다.
* 태양, 달, 별의 움직임을 통해 자전의 증거를 찾는다.
* 자전 증거를 모아 보고서 또는 그림으로 정리하고 발표한다.

🌱 수업 전 배경과 개념 설명

* **자전** 지구가 하루에 한 번, 자전축을 중심으로 서쪽에서 동쪽으로 도는 운동.
* **자전축** 지구의 회전 중심축. 약 23.5도 기울어져 있다.
* **겉보기 운동** 실제 움직이지 않아도 관찰자의 위치 때문에 그렇게 보이는 일.
* **태양의 일주 운동** 태양이 동쪽에서 떠서 서쪽으로 지는 것처럼 보이는 일. 지구의 자전 증거이다.
* **북극성 고정 위치** 별이 북극성을 중심으로 회전하는 것처럼 보이는 이유는 지구의 자전 때문임.

🌱 수업 활동

1) 문제 인식과 분석

도입 발문	지구는 정말로 돌고 있을까요? / 우리는 왜 지구가 도는 걸 느끼지 못할까요? /지구가 도는지 어떻게 알 수 있을까요?
활동지 칸	이 활동은 태양, 달, 별의 움직임을 관찰해 지구 자전의 증거를 찾는 과학 활동입니다. 보이지 않는 지구의 움직임을 천체 변화로 설명해 볼 거예요.

2) 자전 증거 구성하기+시나리오 쓰기

• 아래 자전의 증거 중 3~4개를 선택하고, 왜 지구 자전의 증거인지 이유를 적어 보세요. 내가 만든 새로운 증거 1개도 추가하고, '지구가 도는 걸 증명하는 과학자 시나리오'를 짧게 써 보세요.

항목	설명
태양의 뜨고 짐	태양이 매일 동쪽에서 떠서 서쪽으로 지는 건 지구가 서쪽에서 동쪽으로 돌기 때문이에요.
별의 움직임	별들이 북극성을 중심으로 도는 것처럼 보이는데, 지구가 자전해서 그래요.
그림자의 변화	해가 뜰 때와 질 때 그림자의 길이나 방향이 바뀌는 건 지구가 돌기 때문이에요.
달의 경로	달도 하늘을 따라 이동하는데, 지구가 자전하니까 위치가 바뀌는 것 같아요.
내가 만든 증거	해시계 → 태양의 방향 등을 보면 지구가 도는 걸 알 수 있어요.
시나리오 예시	나는 별을 매일 밤 같은 시간에 꾸준히 관찰해요. 어제도 북극성 옆에 있던 별이 동쪽 하늘에 보였는데, 오늘 밤엔 그 별이 서쪽으로 이동해 있었어요. 그래서 나는 지구가 서쪽에서 동쪽으로 돌고 있다는 증거를 직접 확인했어요.

3) 자전 증거 설계도 그리기

• 자전의 증거들을 그림으로 표현해 보세요. 각각의 증거에 말풍선을 달아 설명을 쓰고, 움직임은 화살표로 나타내세요. 내가 만든 증거나 상상한 내용은 색이나 기호로 눈에 띄게 표시하면 좋습니다.

표현 예시	① 태양 일주 운동(동 → 서로 이동하는 태양 그림) ② 별 궤도 원(북극성 중심 회전 표현) ③ 그림자 길이 변화(오전, 정오, 오후 비교) ④ 내가 만든 증거 – 해시계 그림(그림자가 움직이는 시계)

4) 발표와 친구 질문 응답

발표 항목	예시 문장
탐정단 이름	'하늘 추적자'예요.
내가 고른 증거	태양의 뜨고 짐, 별의 움직임, 그림자의 변화, 달의 경로를 골랐어요
내가 만든 증거	해시계를 이용해서 그림자가 바뀌는 걸 보여 줬어요.
시나리오 요약	태양과 별, 그림자가 움직이는 걸 보니 지구가 돈다는 걸 알 수 있었어요.
친구 질문과 응답	해가 뜨고 지는 게 진짜 지구 때문이에요? → 네, 지구가 스스로 돌기 때문에 그렇게 보여요.

🌱 교사용 지도 포인트

단계	유도 질문 예시
문제 인식	지구는 정말 돌까? / 어떻게 알 수 있을까?
증거 구성	이 현상은 자전과 관련 있나? / 왜 그렇게 보이나?
내가 만든 증거	너만의 증거는 뭐지? / 자전과 어떻게 이어지나?
시나리오 구성	하루 동안 어떤 증거를 봤나? / 언제 보였나?
발표 유도	친구와 다른 점은? / 새로웠던 점은?

🌱 지구 자전 증거 추적 작전 STEAM 활동 평가 루브릭

평가 항목	평가 루브릭			
	5점(매우 우수)	4점(우수)	3점(보통)	2점 이하(미흡)
과학 개념 이해(자전, 겉보기 운동, 별의 위치 변화, 일주 운동)	지구 자전의 개념과 방향, 겉보기 운동 개념을 정확히 이해하고, 증거와 연결하여 잘 설명하며, 시나리오에도 적절히 적용함	개념이 대부분 정확하게 표현되고, 증거와 개념이 비교적 잘 연결되어 있음	개념이 일부 표현되었지만 설명이 단편적이고 개념과의 연결이 다소 약함	개념이 거의 드러나지 않거나 활동 내용과 맞지 않아 의미 전달이 어려움
증거 구성과 흐름 완성도(증거 구성+내가 만든 증거+증거 연결+창의적 설계)	증거가 4개 이상 논리적으로 연결되고, 내가 만든 증거도 창의적으로 제시되며 시나리오 흐름도 자연스럽게 이어짐	증거 3개 이상이 비교적 잘 연결되고, 내가 만든 증거도 함께 포함됨	증거는 있으나 연결이 단편적이고, 내가 만든 증거나 관찰 과정 설명이 부족함	증거가 단순 나열되고, 내가 만든 증거가 없거나 창의성이 드러나지 않음
시각 표현과 설계도 완성도(화살표, 위치, 말풍선, 색 구분)	증거의 움직임이 설계도에 명확하게 표현되고, 말풍선·방향·강조 표시 등 시각 요소도 완성도 높게 잘 구성되어 있음	시각 요소가 대부분 적절하게 표현되어 있고, 구조도 비교적 명확하게 나타남	일부 설명이나 표현이 부족하거나 구조·방향 구분이 다소 약하게 보임	그림만 있고 설명이 거의 없거나 관찰 순서가 전혀 드러나지 않음
설명력과 발표 참여(시나리오 설명+친구 질문 응답)	발표가 조리 있고 증거 설명과 시나리오가 자연스럽게 이어지며, 친구의 질문에도 논리적이고 창의적으로 잘 응답함	발표가 비교적 충실하고, 친구의 질문에도 대부분 자연스럽게 잘 응답함	설명이 짧거나 핵심이 부족하고, 친구 질문 응답도 전반적으로 부족함	설명과 발표 내용이 단편적이고, 친구의 질문에도 전혀 응답하지 못함
참여 태도와 협력성(활동 집중도+친구와의 협력)	활동에 몰입하며 증거 구성과 설계를 끝까지 성실히 완성하고, 친구와 피드백과 협력도 활발함	대부분의 시간에 성실히 참여하고, 협력적으로 활동함	활동에는 참여했지만 협력이나 피드백이 다소 소극적임	수동적으로 참여하고 소통·협력·완성도가 모두 낮음

※총점 기준 해석표(총 25점)
★23~25점 : 매우 우수 ★19~22점 : 우수 ★15~18점 : 보통 ★10~14점 : 미흡 ★1~9점 : 매우 미흡

지오몽의
지구 이야기

주인공 **지오몽**은
'지구(Geo)의 꿈'이란 뜻입니다.

자기장 생성

지구는 왜 자석처럼 작동할까

지구는 자석처럼 움직여. 그 이유는 중심부의 핵 때문이야. 핵의 주성분은 철과 니켈 등 금속인데, 고체 상태의 내핵과 그 주변을 둘러싼 액체 상태의 외핵으로 이뤄지지. 중심 온도가 태양 표면과 비슷한 약 6000도여서 내핵도 녹아 액체여야 하지만, 압력이 너무 높아 고체로 남은 거야.

액체 금속은 지구 자전과 내부 열의 흐름(대류) 때문에 끊임없이 회전해. 이때 전류(전기의 흐름)가 생기고, 그 전류가 자기장을 만들어 내. 그래서 지구 주변에는 거대 자석처럼, 보이지 않는 자기장이 만들어지고, 자석처럼 N극(북극)과 S극(남극)도 생기지. 나침반이 작동하는 까닭도 이 때문이야.

이런 뜻이에요

니켈 단단하고 은빛을 띠는 금속. 철과 섞어 쓰면 녹슬지 않는다.

태양풍

오로라

　자기장은 지구의 보호막이야. 지구에는 늘 태양에서 전기를 띤 입자(빛 알갱이)가 날아드는데, 이를 태양풍이라고 해. 태양풍이 지구에 닿으면 생명체가 위험해질 수 있어. 다행히 자기장이 막아 주기 때문에 생명체가 안전해. 실제로 2024년 5월, 21년 만에 가장 강력한 태양풍이 지구로 쏟아졌지만, 자기장 덕에 큰 피해는 없었어.

　자기장은 나침반이 북쪽을 가리키게 해 줘. 자기장이 없으면 나침반을 쓸 수 없어 바다나 산에서 방향을 찾기 어렵지. 오로라는 태양에서 온 입자가 자기장을 따라 북극과 남극으로 이동하다가 공기와 부딪치며 생기는 빛이야.

이런 뜻이에요

오로라 태양에서 날아온 입자가 지구 대기의 산소나 질소와 부딪쳐 생기는 빛. 높이 200~400킬로미터에서는 산소가 붉은빛을 내고, 100~150킬로미터에서는 산소와 질소가 함께 빛을 만들어서 녹색 빛이나 파란빛, 보랏빛이 나타난다.

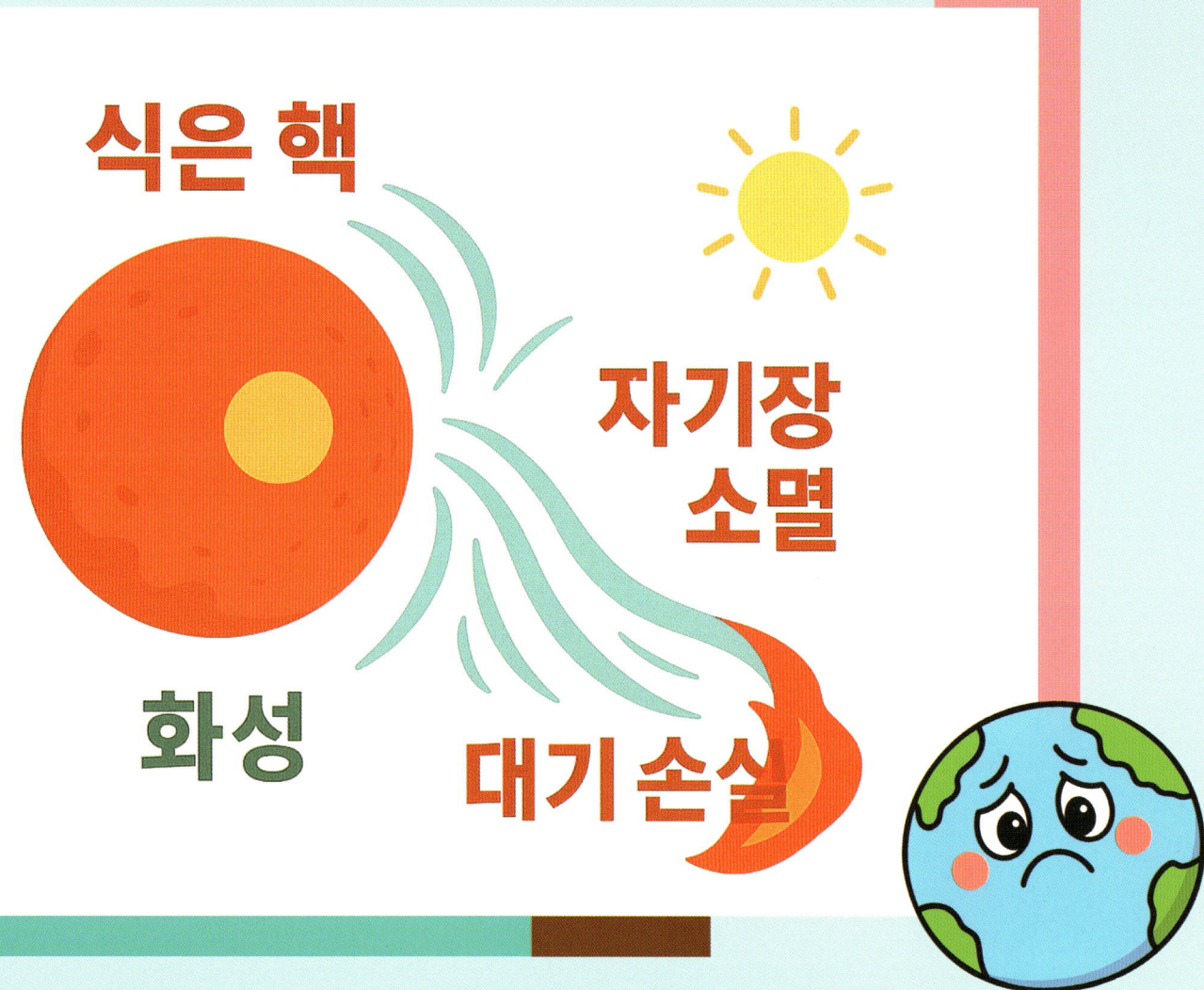

식은 핵

자기장 소멸

화성

대기 손실

지구에 자기장이 사라지면, 태양에서 날아오는 태양풍과 방사선이 그대로 쏟아져 동식물이 해를 입을 거야. 태양풍이 전자 회로에 충격을 줘서 스마트폰 같은 전자 기기와 위성이 고장 나고, 전류의 흐름을 바꿔 전력망에도 문제가 생길 수 있어. 오로라도 나타나지 않고, 나침반도 작동하지 않게 되지.

화성은 약 40억 년 전까지 자기장이 있었어. 그런데 내부의 핵이 식으면서 액체 금속의 움직임이 멈추자 자기장을 잃었지. 그 결과 대기가 태양풍에 쓸려 우주로 날아가고, 생명체는 살기 어렵게 되었지. 지구도 자기장을 잃으면 화성처럼 변할 수 있는 거야.

이런 뜻이에요

방사선 우주에서 날아오는 전기를 띤 입자나 에너지. 너무 많이 맞으면 몸속 세포나 유전자가 망가진다.
화성 지구와 비슷한 시기인 46억 년 전에 만들어진 태양계의 네 번째 행성. 화성은 지구의 절반 크기인데, 약 40억 년 전까지는 물과 자기장이 있었던 흔적이 남아 있다.

태양풍이 전자 회로에 충격!

위성 고장

스마트폰 오류

전자 기기 고장

전력망 장애

사람들은 자기장의 원리를 알아내 기술로 바꾸는 데 성공했어. 나침반이 대표적인 예야. 나침반 바늘은 자기장을 따라 움직이므로 항상 북쪽을 가리켜. 그래서 바다나 산에서도 길을 찾을 수 있어.

2025년 1월에는 미국의 프린스턴 대학교와 나사(NASA) 연구팀이 지구의 자기장과 자전을 이용해 전기를 만드는 실험을 했어. 자전 방향과 자기장이 만나는 각도(57도)에 맞춰 자기장에 잘 반응하는 재료(망간-아연 페라이트)로 만든 작은 통을 세웠더니 전기가 생겼어. 전기는 약했지만, 지구가 도는 힘만으로도 전기를 만들 수 있음을 증명한 거야.

이런 뜻이에요

나사 미국 항공 우주국. 우주 탐사, 위성 개발, 기후 연구 등 다양한 과학 기술 임무를 맡는다.
망간 강도가 높고 열에 잘 견뎌 철과 합금할 때 쓰이는 금속 원소. 건전지와 철강 산업 등에 널리 쓰인다.
페라이트 철과 다른 금속 가루를 섞어 뜨겁게 구워서 만든 세라믹. 전자 제품에서 전기가 잘못된 곳으로 흐르지 않게 막고, 전자파도 줄여 준다.

오로라 시뮬레이터 만들기

🌱 활동 목표

* 지구 자기장과 태양풍의 관계를 과학적으로 이해한다.
* 오로라가 생기는 과정을 자기장, 대기, 입자 흐름과 연결하여 설명한다.
* 오로라 시뮬레이터의 구조와 원리를 시각적으로 표현하고 말로 설명한다.
* 빛의 색상, 방향, 경로 등을 창의적으로 구성하여 오로라를 재현한다.

🌱 수업 전 배경과 개념 설명

* **자기장** 지구 내부의 액체 금속이 움직이며 생기는 자석 같은 힘. 지구를 감싸고 보호한다.
* **태양풍** 태양에서 날아오는 전기를 띤 입자들. 생명체나 기기에 영향을 줄 수 있다.
* **오로라** 태양풍 입자가 자기장을 따라 극지방으로 이동해 공기와 부딪치며 생기는 빛 현상.
* **극지방** 자기장이 모여 있는 북극과 남극 부근으로, 오로라가 자주 나타나는 지역.
* **입자 충돌** 전기를 띤 태양풍 입자가 지구 대기의 산소나 질소와 부딪치면서 빛 에너지를 냄.

🌱 수업 활동

1) 문제 인식과 분석

도입 발문	왜 오로라는 북극과 남극에서만 볼 수 있을까요? / 태양에서 날아온 입자들은 어디로 가는 걸까요? / 자기장이 없다면 어떤 일이 생길까요?
활동지 칸	오로라가 만들어지는 과정을 시각적으로 탐구하기 위한 과학 모형 실험입니다. 자기장, 태양풍, 공기 입자의 관계를 생각하며 오로라 시뮬레이터를 구성해 봅니다.

2) 기능 구성하기+시나리오 쓰기

• 아래 항목에서 기능 3~4개를 고르고, 내가 만든 기능 1가지를 더해 보세요. 각 기능이 어떤 역할을 하는지 정리하고, 오로라가 생기는 과정을 짧은 시나리오로 연결해 보세요.

항목	설명
자기장 재현 방법	자석과 쇳가루로 자기력선을 시각화했어요.
태양풍 입자 표현	손전등에 셀로판지를 붙여 색을 냈어요.
공기 분자 표현	극지방에 색종이를 붙여 산소와 질소를 나타냈어요.
빛 색상 구성	초록색은 산소, 보라색은 질소를 표현했어요.
내가 만든 요소	오로라 구름 덮개 → 여러 색이 섞이며 퍼지는 반투명 필름으로 효과를 주었어요.
시나리오 예시	자석이 만든 자기장선을 따라 손전등 빛이 극지방 쪽으로 향했어요. 거기엔 색종이로 만든 공기 분자가 있었고, 빛이 닿자 색이 퍼졌어요. 그 위에 반투명 필름을 덮으니, 빛이 퍼지는 모습이 더 생생해졌어요. 이 장면은 진짜 오로라처럼 신비로웠어요.

3) 설계도 그리기

• 내가 만든 오로라 시뮬레이터의 구조와 원리를 그림으로 그리고, 각 부분이 어떤 역할을 하는지 말풍선이나 문장으로 설명해 보세요.

표현 예시	① 지구 중심에 자석 설치 ② 자기력선이 보이도록 쇳가루 뿌리기 ③ 극지방에 공기 입자 부착 ④ 손전등으로 색광 비추기 ⑤ 오로라 구름 덮개를 위에 올려 표현 완성

4) 발표와 친구 질문 응답

발표 항목	예시 문장
시뮬레이터 이름	'오로라 빛터널'이에요.
내가 고른 기능	자기장 재현, 태양풍 표현, 공기 분자 구성, 빛 색상 구성을 선택했어요.
내가 만든 기능	색이 번지는 구름 덮개로 오로라처럼 퍼지는 효과를 냈어요.
시나리오 요약	자기장을 따라 입자가 움직이고, 공기 분자와 만나 오로라가 생겼어요.
친구 질문과 응답	왜 오로라는 꼭 위에서만 보여요? → 자기장이 극지방으로 몰려 있어서요.

🌱 교사용 지도 포인트

단계	유도 질문 예시
문제 인식	오로라는 왜 극지방에서만 생길까? / 태양풍은 어떤 영향을 줄까?
기능 구성	자기장과 입자의 흐름은 어떤 작용을 할까? / 공기와 만나면 어떤 변화가 생길까?
내가 만든 기능	네가 만든 표현 중 어떤 부분이 오로라처럼 보이게 했니? / 어떻게 작동해?
시나리오 구성	빛이 어디서부터 어디로 움직이니? / 오로라가 어떻게 생긴 것 같니?
발표 유도	너의 시뮬레이터에서 가장 자랑하고 싶은 부분은 뭐니? / 친구 작품과 어떤 점이 달랐니?

🌱 오로라 시뮬레이터 만들기 STEAM 활동 평가 루브릭

평가 항목	평가 루브릭			
	5점(매우 우수)	4점(우수)	3점(보통)	2점 이해(미흡)
과학 개념 이해(자기장, 태양풍, 오로라, 입자 충돌)	오로라의 원리와 자기장의 역할을 정확하게 이해하고, 시뮬레이터의 기능과 시나리오에 자연스럽게 반영함	개념이 대부분 기능 설명이지만 시나리오에 비교적 잘 연결되어 나타남	과학 개념이 일부 표현되었지만 단편적이거나 연결이 약하게 보임	개념이 거의 드러나지 않거나, 기능 구성과 따로 표현되어 의미 전달이 어려움
기능 구성과 흐름 완성도(기능 선택+내가 만든 기능+기능 연결+창의적 설계)	구성 요소들이 논리적으로 연결되었으며, 내가 만든 기능이 독창적으로 설계됨. 시나리오도 자연스럽게 이어짐	구성 연결이 자연스럽고, 만든 요소도 들어 있음. 시나리오 구성도 비교적 잘되었음	기능 구성은 있으나 연결이 단편적이고, 내가 만든 요소 설명이 부족함	기능이 단순 나열되고, 내가 만든 요소가 없거나 창의성이 드러나지 않음
시각 표현과 설계도 완성도(시뮬레이터 구조, 위치, 색 구분, 말풍선)	시뮬레이터의 구조가 그림으로 명확히 표현되어 있으며, 말풍선·색 구분·입자 흐름 등 시각 요소도 완성도 높음	구성과 설명이 대부분 적절하게 연결되어 있고, 시각 요소도 비교적 잘 표현됨	그림 또는 설명의 일부가 부족하거나, 위치와 기능의 구분이 다소 모호함	그림만 있고 설명이 거의 없거나, 기능 배치와 연결 방식의 순서가 없음
설명력과 발표 참여(시나리오 설명+친구 질문 응답)	발표가 시나리오를 따라 잘 구성되고, 내가 만든 기능도 자연스럽게 포함됨. 친구 질문에도 논리적으로 응답함	발표 흐름이 비교적 자연스럽고, 설명도 충실하며 질문 응답도 적절히 이루어짐	발표 내용이 짧거나 핵심이 빠져 있으며, 친구 질문에 대한 답변이 미흡함	발표 흐름이 단편적이고, 질문에 대한 응답도 어려움 또는 동문서답
참여 태도와 협력성(활동 집중도+친구와의 협력)	활동에 몰입하며, 시뮬레이터 설계를 성실히 완성하고, 친구와의 피드백이나 협력도 활발함	대부분의 시간에 성실히 참여하고 협력적으로 활동함	활동엔 참여했지만 설계 과정의 집중이 약하고 소통이 소극적임	활동 참여가 수동적이며, 협력·소통의 흔적이 거의 없음

※총점 기준 해석표(총 25점)
★23~25점 : 매우 우수 ★19~22점 : 우수 ★15~18점 : 보통 ★10~14점 : 미흡 ★1~9점 : 매우 미흡

지오몽의 지구 이야기

주인공 **지오몽**은
'지구(Geo)의 꿈'이란 뜻입니다.

지구를 보호하는 방패

달을 가만히 보면 곰보야. 수백만 개의 움푹 파인 충돌 구덩이(분화구)가 있거든. 열 가운데 아홉은 지름이 10킬로미터가 안 된대. 지구에는 거의 없는 분화구가 달에는 왜 그리 많을까. 보호막 역할을 하는 대기층이 없어서 그래. 우주 전쟁 영화를 보면 외계인의 우주선은 공격을 당해도 끄떡없지. 보호막으로 우주선을 감쌌기 때문이야.

달은 끌어당기는 힘(중력)이 약해서 우주로 달아나는 대기를 붙잡지 못해. 그러니 소행성 등 천체가 우주 공간을 떠돌다 충돌해 구덩이가 파이는 거야. 사람이 달에 있다면 하늘에서 떨어지는 운석을 맞아 살기 어려울 거야.

■ 천체가 충돌할 때 만들어진 달의 분화구.

■ 2013년 9월 11일 거대 운석이 달에 충돌하는 모습.
(사진 : '영국 왕립 천문학회 월간 보고' 공개 영상 캡처)

지구의 대기층은 지상 1000킬로미터(대부분은 100킬로미터 안에 분포)까지 둘러싸고 있어. 그래서 어지간히 큰 천체가 지구로 돌진해도 대기층을 통과할 때 마찰하면서 타 버리는데, 타다 남으면 운석(별똥별)이 되어 땅에 떨어지지. 지구에는 매일 100톤이 넘는 운석이 떨어져. 대신 크기가 작아 구덩이가 파이지 않는 거야.

■ 지구는 두꺼운 대기층이 감싸서 보호막 역할을 한다.

대기층은 또 태양에서 날아오는 자외선을 막아 줘. 자외선은 눈에 보이는 햇빛보다 파장이 짧아서 눈에 보이지는 않아. 그런데 동물이 강하게 받으면 피부에 암을 일으켜. 대기층은 또 우주에서 지구로 들어오는 해로운 우주 입자들을 차단해서 생명체를 보호해.

■ 큰 천체는 대기층에서 다 타지 않고 통과해 운석이 되어 지구에 떨어진다.

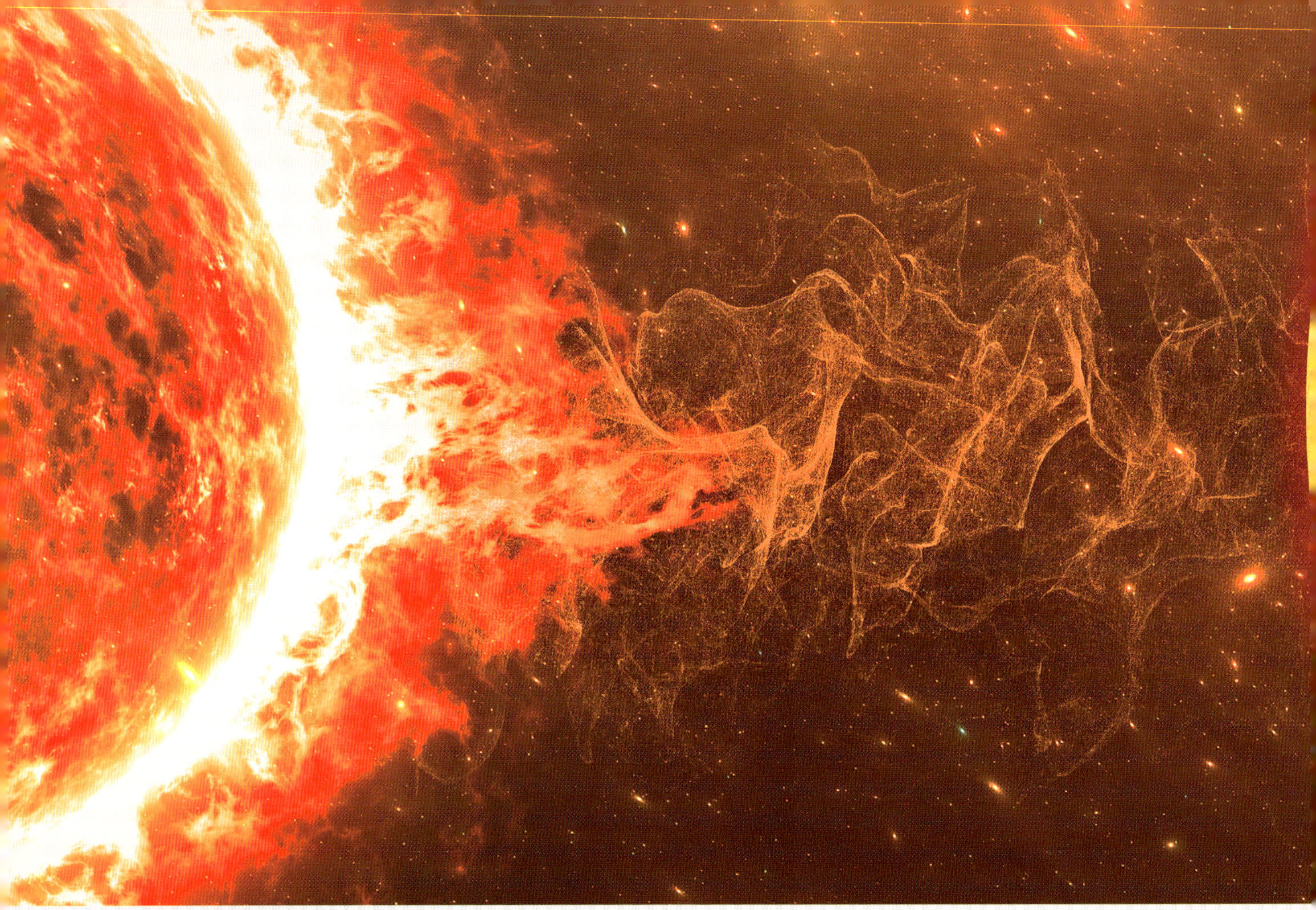

■ 지구 자기장은 태양에서 뿜어내는 방사선과 전자파를 막아 준다.

지구는 자기장이라는 눈에 보이지 않는 보호막을 또 하나 가지고 있어. 지구는 엔극(북극)과 에스극(남극)이 있는 거대한 자석이라고 보면 돼. 막대자석에 쇳가루를 뿌리면 자석의 한쪽 끝에서 다른 쪽 끝으로 줄을 서는 모습이 보이지. 지구도 그와 비슷한 성질의 자기장이 전체를 감싸고 있어.

자기장은 태양에서 날아오는 방사선과 전기를 띤 해로운 입자를 대부분 막아 줘. 자기장이 없다면 이런 입자들이 쏟아져 들어와 생물체에 해를 끼치지. 또 전파 통신을 방해해 위성이나 항공 통신 장비가 고장 날 수 있어. 자기장을 통해 방향을 찾는 새들도 길을 잃고, 나침반도 쓸모가 없겠지.

지구에 자기장이 생긴 까닭은 지구의 맨 안쪽에 있는 고체 상태의 둥근 핵(내핵)을 둘러싼 액체 상태의 핵(외핵)이 회전하기 때문이래. 핵은 대부분 철과 니켈로 이뤄져 있는데, 섭씨 6000도에 이를 만큼 뜨거워서 흐물흐물해. 하지만 안쪽 핵은 압력을 크게 받아서 고체로 있는 거야.

그동안 지구의 자기장이 언제 만들어졌는지는 밝혀지지 않았어. 그런데 2024년 4월 25일(현지 시각) 영국과 미국의 과학자들이 37억 년 전에 만들어졌다는 연구 결과를 발표했어. 37억 년 전 그린란드 지층의 암석에 남은 자기장 기록을 살펴봤더니 지금의 자기장과 비슷하다는 거야.

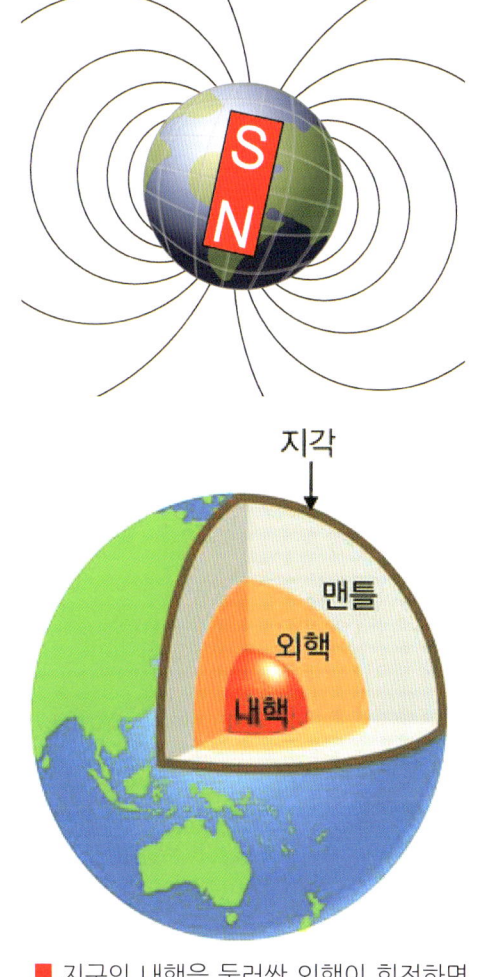

■ 지구의 내핵을 둘러싼 외핵이 회전하면서 지구가 자석이 된다.

자기장 발생 장치 만들기

🌱 활동 목표

* 자기장이 지구에 어떤 역할을 하는지 이해한다.
* 자기장이 사라졌을 때 생기는 위험을 알아본다.
* 위험을 막기 위한 기능을 선택하고, 자기장을 대신할 장치를 설계한다.
* 장치의 구조와 기능을 시각적으로 표현한다.

🌱 수업 전 배경과 개념 설명

* **자기장** 지구의 핵이 돌면서 생기는 보이지 않는 보호막. 방사선과 전파를 막아 준다.
* **방사선** 우주에서 날아오는 빠르고 해로운 입자. 생명체나 기계를 해칠 수 있다.
* **통신 장애** 자기장이 약해지면 전파가 흔들려 위성이나 통신 기기가 작동하지 않을 수 있음.
* **센서** 자기장의 세기를 감지해 자동으로 반응하게 만드는 장치.
* **에너지 공급 장치** 장치가 멈추지 않도록 전기를 보내는 장치. 전기가 끊기면 기능이 정지한다.

🌱 수업 활동

1) 문제 인식과 분석

도입 발문	자기장이 없다면 지구에는 어떤 일이 생길까요? / 우리가 만드는 자기장 장치는 어떤 위험을 막는 걸까요? / 자기장은 우리에게 어떤 도움을 주고 있을까요?
활동지 칸	이 장치는 자기장이 약해질 때 인공 자기장을 만들어 지구를 지켜 줘요. 자기장이 없으면 태양풍 때문에 통신이나 전기가 끊길 수 있어요. 그래서 피해를 막으려 만든 거예요.

2) 기능 구성하기 + 시나리오 쓰기

• 다음 기능 중 3~4개를 고르고, 내가 만든 기능 1개를 더해 보세요. 그리고 어떤 상황에서 그 기능이 쓰였는지 간단한 이야기(시나리오)로 적어 보세요.

항목	설명
회전 코어	자기장을 만들어 내는 중심 장치예요. 핵처럼 돌아가야 해요.
방사선 반사막	우주에서 오는 방사선을 튕겨서 지구로 못 들어오게 막아요.
통신 안정 장치	전파를 안정시켜서 위성이나 통신 기기가 잘 작동하도록 도와줘요.
자기장 센서	자기장의 세기를 감지해서 자동으로 반응하게 해요.
내가 만든 기능	전력 저장 장치 → 전기가 끊겨도 장치가 계속 작동할 수 있어요.
시나리오 예시	자기장이 약해지자 우주 방사선이 지구로 들어오기 시작했어요. 위험을 감지한 센서가 반응해 반사막이 작동했고, 회전 코어가 돌아 자기장을 만들었어요. 저장된 전력이 공급돼 장치가 멈추지 않았고, 통신도 끊기지 않아 위성 시스템도 안전했어요.

3) 설계도 그리기

• 자기장 장치 구조를 그림으로 나타내세요. 회전 코어, 방사선 반사막, 통신 안정 장치, 자기장 센서, 내가 만든 기능을 넣고, 번호와 말풍선으로 기능을 쓰세요. 내가 만든 기능은 굵은 선이나 색으로 표시하세요.

표현 예시	① 회전 코어가 자기장을 만들어요. ② 반사막이 방사선을 막아요. ③ 통신 안정 장치가 전파를 안정시켜요. ④ 센서가 위험을 감지해요. ⑤ 전력 저장 장치가 작동해요.

4) 발표와 친구 질문 응답

발표 항목	예시 문장
장치 이름	'마그쉴드 1호'라는 장치를 만들었어요.
내가 고른 기능	회전 코어, 방사선 반사막, 통신 안정 장치, 자기장 센서를 넣었어요.
내가 만든 기능	전력이 끊겨도 작동하는 '전력 저장 장치'를 만들었어요.
시나리오 요약	자기장이 약해졌을 때 센서가 감지해 반사막이 작동했고, 장치가 계속 돌아갔어요.
친구 질문과 응답	전기가 다 떨어지면요? → 태양광 전지로 충전되어 작동할 수 있어요.

🌱 교사용 지도 포인트

단계	유도 질문 예시
문제 인식	자기장이 왜 필요할까? / 없어지면 어떤 일이 생길까?
기능 구성	어떤 기능이 어떤 위험을 막아 줄까? / 센서와 반사막은 어떻게 다를까?
내가 만든 기능	내가 만든 기능은 어떤 역할을 하나? / 다른 기능과 어떤 점이 다를까?
시나리오 구성	어떤 상황에서 기능이 작동했나? / 순서대로 어떤 일이 일어났나?
발표 유도	친구 장치와 다른 점은 무엇인가? / 가장 자랑하고 싶은 기능은 어떤 건가?

🌱 자기장 발생 장치 만들기 STEAM 활동 평가 루브릭

평가 항목	평가 루브릭			
	5점(매우 우수)	4점(우수)	3점(보통)	2점 이하(미흡)
과학 개념 이해(자기장, 방사선, 전파, 지구 핵)	자기장의 생성 원리와 보호 역할을 정확히 이해하고, 장치 설계와 시나리오에 정확하고 자연스럽게 반영함	개념이 대부분 기능 설명과 시나리오에 비교적 잘 연결되어 있고, 표현도 자연스러움	과학 개념이 일부 표현되었지만 설명이 단편적이거나 시나리오와의 연결이 약함	개념이 거의 드러나지 않거나 기능과 따로 표현되어 의미 전달이 어려움
기능 구성과 흐름 완성도(기능 구성+내가 만든 기능+동작 순서+창의적 설계)	기능들이 위협 상황과 잘 연결되며, 내가 만든 기능이 독창적이고 과학적으로 설계됨. 시나리오 흐름도 자연스러움	기능과 위협 연결이 자연스럽고, 내가 만든 기능도 포함됨. 시나리오도 비교적 잘 구성됨	기능은 있지만 연결이 단편적이고, 내가 만든 기능 설명이 조금 부족함	기능이 단순 나열되고, 내가 만든 기능이 없거나 창의성이 드러나지 않음
시각 표현과 설계도 완성도(장치 구조, 기능 위치, 색 구분, 말풍선)	장치 구조와 기능이 그림에 명확하게 표현되고, 색상, 말풍선, 번호, 화살표 등 시각 요소도 효과적으로 사용됨	시각 요소가 적절하게 표현되어 있으며, 구조와 설명도 비교적 잘 드러남	그림은 있지만 기능 설명이 부족하거나 위치 구분과 구성 구분이 미흡함	그림만 있고 기능 설명과 작동 순서가 안 나타나, 작동 방식 이해에 어려움
설명력과 발표 참여(시나리오 설명+친구 질문 응답)	시나리오 속 위협과 기능의 관계를 조리 있게 설명하고, 친구 질문에도 과학 개념을 활용해 정확히 응답함	설명이 자연스럽고 주요 기능을 전달하며, 친구의 질문에 대해서도 비교적 잘 응답함	설명은 있지만 기능 작동 등 핵심이 부족하고, 질문 응답도 다소 제한적임	발표 흐름이 단편적이며, 질문에 응답하지 못하고 설명도 미흡함
참여 태도와 협력성(활동 집중도+친구와의 협력)	활동에 집중하며 설계와 발표를 모두 성실히 수행하고, 친구와의 피드백과 협력도 활발함	성실히 참여하고, 협력적으로 활동했으며 발표 태도도 좋았음	활동에는 참여했지만 협력이나 발표 태도가 소극적임	활동과 발표, 협력 모두 소극적이며 상호작용이 거의 없음

※총점 기준 해석표(총 25점)
★23~25점 : 매우 우수 ★19~22점 : 우수 ★15~18점 : 보통 ★10~14점 : 미흡 ★1~9점 : 매우 미흡

Chapter

2

날씨와 기후

09

비와 **눈**은 **어떻게** 생길까

물의 순환

지구에서는 물이 끊임없이 돌고 돌아. 햇빛이 내리쬐면 강이나 바다, 호수의 물이 수증기로 변해 하늘로 올라가. 수증기가 차가운 공기를 만나면 작은 물방울이 되지. 이들 물방울이 모여서 구름을 만들어. 구름 속 물방울이 합쳐져 무거워지거나 얼음 알갱이로 바뀌면 비나 눈이 되어 내리지. 이러한 과정을 물의 순환이라고 해.

물의 순환은 지구 전체에서 일어나지만, 지역마다 다르게 나타나. 바다에서 멀거나 사막처럼 건조한 곳, 남극처럼 추운 곳은 비나 눈이 잘 오지 않아. 바람이 수분을 실어 나르지 못하거나 습도가 너무 낮기 때문이야.

이런 뜻이에요

수분 공기나 물체 속에 들어 있는 물. 공기 중에 있을 때는 수증기 형태로 떠 있다. 공기는 기온이 높을수록 수분을 더 많이 품을 수 있다.
습도 공기 중에 들어 있는 수분의 정도. 습도가 높으면 공기가 눅눅하게 느껴지고, 낮으면 건조하다.

구름 속의 물방울은 서로 합쳐지며 점점 커지지. 그러다 무거워지면 중력에 끌려 비로 떨어지게 돼. 비의 양은 대기의 온도와 습도에 따라 달라져. 온도가 높고 공기 중의 수증기가 많을수록 비가 더 많이 내리는 거야.

지역에 따라 비가 오는 양도 달라. 예를 들면 높은 산맥을 넘은 바람은 습기를 잃기 때문에 산맥의 반대쪽에는 비가 잘 오지 않아. 그래서 산의 한쪽은 숲이 울창하고, 다른 쪽은 메마른 경우도 있지. 요즘엔 짧은 시간에 비가 갑자기 많이 쏟아지는 일이 자주 생겨. 홍수나 산사태 같은 큰 피해로 이어질 수 있기 때문에 주의가 필요해.

이런 뜻이에요

산사태 비나 눈이 많이 온 뒤 산비탈의 흙과 돌이 한꺼번에 무너져 내리는 일.

눈은 비와 비슷하게 만들어지지만, 공기의 온도가 낮아야 해. 수증기가 차가운 공기를 만나면 보통은 물방울이 되지. 그런데 0도 이하에서는 얼음 결정으로 변해. 이들 결정이 서로 뭉쳐져서 무거워지면 눈으로 내리는 거야.

눈송이는 기온과 공기 중의 습도에 따라 뾰족하거나 둥글고 납작한 모양 등 형태가 다양해져. 눈이 내리려면 구름 속 온도와 땅까지 내려오는 공기의 온도가 0도 이하여야 해. 중간에 기온이 높아지면 비로 바뀌게 돼. 남극처럼 추운 곳도 수분이 부족하면 눈이 잘 오지 않아. 눈이 내리려면 기온이 낮고, 공기 중의 습기도 충분해야 해.

수증기 → **차가운 공기** → **눈**

얼음 결정

이런 뜻이에요

결정 물질이 규칙적인 형태로 굳은 것. 눈 결정은 수증기가 얼어붙어 만들어진 얼음 알갱이인데, 대개 육각형 모양을 하고 있다.

기온이 올라가면 공기 중의 수증기가 늘어나 강수량도 많아져. 실제로 1970년대 이후 강수량이 늘어나고 있어. 하지만 이 변화가 모든 지역에 똑같이 나타나는 건 아니야. 어떤 곳은 비가 자주 오고, 어떤 곳은 비가 오지 않아 더 건조해지지. 적도 근처나 위도가 높은 지역은 비가 늘었고, 아열대나 사막 주변은 줄었어.

짧은 시간에 비가 한꺼번에 쏟아지는 일도 많아졌어. 전문가들은 온실가스 배출이 계속되면 2100년쯤 평균 강수량이 지금보다 최대 7퍼센트(100 가운데 7) 더 는다고 해. 기후 변화가 비와 눈의 양뿐 아니라, 내리는 방식도 바꾸는 거야.

물방울의 여행 지도 만들기

🌱 활동 목표

* 물방울이 지구에서 어떻게 움직이며 순환하는지 이해한다.
* 비와 눈이 생기는 조건을 기온, 습도, 수증기, 결정 등의 개념으로 설명한다.
* 지도 위에 과학 개념을 시각적으로 배치하고, 자신만의 '물방울 이야기'를 구성한다.
* 물의 순환에 따른 환경 변화와 자연재해(산사태 등)의 연결을 탐구한다.

🌱 수업 전 배경과 개념 설명

* **물의 순환** 물이 증발해 구름이 되고, 다시 비나 눈으로 내려오는 자연의 흐름.
* **증발** 물이 햇빛을 받아 수증기로 변하는 과정.
* **응결** 수증기가 차가운 공기를 만나 물방울로 바뀌는 것.
* **눈 결정** 0도 이하에서 수증기가 육각형 모양의 얼음 알갱이로 변한 것.
* **산사태** 많은 비나 눈으로 산이 무너져 내리는 현상.

🌱 수업 활동

1) 문제 인식과 분석

도입 발문	물방울은 어디에서 시작해 어디로 갈까? / 기온이 다르면 물방울은 어떤 모습으로 바뀔까? / 물방울이 지나가며 만나는 자연 현상에는 무엇이 있을까?
활동지 칸	물방울이 되어 여행을 떠난다고 가정해 보세요. 기온, 습도, 바람, 지형에 따라 비, 눈, 안개, 산사태 등 다양한 상황을 겪는 여정을 지도 위에 표현해 보세요.

2) 역할 기능 구성하기+시나리오 쓰기

• 아래 기능 중 3~4개를 고르고, 내가 정한 기능 1개를 더해 보세요. 그리고 물방울이 어떤 과정을 거쳤는지 정리하고, 기능이 사용된 장면을 시나리오로 표현해 보세요.

항목	설명
증발	바다에서 햇빛을 받아 수증기로 변해 하늘로 올라갔어요.
응결	수증기가 차가운 공기를 만나 구름이나 물방울이 되었어요.
눈 결정	구름 속 수증기가 얼어 눈으로 변해 산에 내렸어요.
산사태	녹은 눈과 흙이 섞여 강을 따라 마을로 흘러가고 산 아래로 퍼졌어요.
내가 만든 기능	기후 변화 장치 → 눈 대신 비가 내려 강이 생기고 더 빨리 순환이 이뤄졌어요.
시나리오 예시	물돌이는 바다에서 햇빛을 받아 증발했어요. 수증기가 하늘에서 응결해 구름이 되었고, 산에 닿자 눈으로 내렸어요. 녹은 눈과 흙이 섞여 산사태가 나고 강물이 되어 마을로 흘렀어요. 기후 변화 장치를 써서 눈 대신 비가 오는 곳도 있었어요. 다시 햇빛을 받아 여정을 시작했어요.

3) 물방울의 여행 지도 그리기

• 물방울의 경로를 화살표로 잇고, 증발, 응결, 눈, 비 등의 개념과 내가 만든 기능을 함께 표시하세요. 수증기, 물방울, 눈송이 같은 상태 변화와 바다, 구름, 산, 마을 배경도 그려 보세요.

표현 예시	① 바다 : 물돌이는 바다에서 햇빛을 받아 수증기로 변했어요. ② 하늘 : 수증기가 올라가 응결해 구름이 되었어요. ③ 산 : 차가운 공기와 만나 눈이 되어 산에 내렸어요. ④ 마을 : 눈과 비가 모여 강이 되었고, 비가 내려 산이 무너졌어요. ⑤ 다시 증발 : 햇빛을 받아 증발하며 여정을 계속했어요.

4) 발표와 친구 질문 응답

발표 항목	예시 문장
물방울 이름	'물돌이'라는 물방울입니다.
내가 고른 기능	증발, 응결, 눈 결정, 산사태를 골라 사용했어요.
내가 만든 기능	기후 변화 장치로 눈 대신 비가 내려 더 빠르게 순환되는 지역을 만들었어요.
시나리오 요약	물돌이는 증발해서 눈이나 비로 내리고 강물이 되어 마을을 지나 다시 증발했어요..
친구 질문과 응답	왜 어떤 곳에는 눈이 잘 안 와요? → 기온이 높거나 수증기가 적으면 눈으로 바뀌지 않아요.

🌱 교사용 지도 포인트

단계	유도 질문 예시
문제 인식	물이 하늘로 올라가기 전에 어떤 문제가 있었을까? / 어떻게 다시 땅으로 내려올까?
기능 구성	이 기능은 물방울에 어떤 변화를 주나? / 어떤 조건에서 상태가 바뀌었을까?
내가 만든 기능	내가 만든 기능은 어떤 문제를 해결하나? / 어떤 방식으로 작동하나?
시나리오 구성	네 물방울은 하루를 어떻게 살아가니? / 어떤 때 기능이 가장 중요했니?
발표 유도	친구의 기능과 어떤 점이 달랐니? / 어떤 부분이 가장 흥미로웠니?

🌱 물방울의 여행 지도 만들기 STEAM 활동 평가 루브릭

평가 항목	평가 루브릭			
	5점(매우 우수)	4점(우수)	3점(보통)	2점 이해(미흡)
과학 개념 이해(물의 순환, 증발, 응결, 눈 결정)	개념을 정확히 이해하고 시나리오와 설계도에 자연스럽게 반영함. 용어 사용과 설명도 매우 명확하고 구체적임	개념을 대부분 잘 이해하고 표현함. 설명 내용은 좋으나 일부 연결이 약함	개념을 부분적으로 이해하며 설명이 짧거나 용어 사용이 불분명함	개념이 거의 드러나지 않거나 물의 순환 과정을 잘못 이해한 것으로 보임
기능 구성과 흐름 완성도(여정 설계+내가 만든 기능+지도 흐름+창의적 설계)	역할 기능이 논리적으로 연결되고, 창의적인 방식으로 물의 순환이 표현됨. 아이디어가 구체적으로 매우 잘 드러남	기능과 전개가 잘 구성되고, 창의 요소도 포함됨. 설명이 다소 부족하게 나타남	기능 설명은 있으나 기능 전개가 단순하거나 창의 요소가 전반적으로 약함	기능 전개가 나열 수준이고 창의성이 없거나 활동과의 연결이 전혀 없음
시각 표현과 설계도 완성도(위치·흐름 표현, 화살표, 말풍선, 색상 구분)	지도의 구성과 시각적 요소가 풍부하며 개념이 명확히 연결됨. 과정과 순서가 시각적으로 매우 잘 전달됨	대부분의 시각적 요소가 잘 표현되어 있고 설명도 비교적 명확하게 나타남	시각적 요소는 있으나 구성력이 다소 약하거나 설명이 전반적으로 부족함	그림만 있고 시각적 정보가 거의 드러나지 않아 이해하기 어려움
설명력과 발표 참여(시나리오 설명+친구 질문 응답)	발표 전개가 조리 있고, 친구의 질문에도 과학 개념을 바탕으로 자신의 생각과 학습한 내용을 논리적으로 잘 응답함	설명과 발표가 비교적 충실하고 친구와 질문 응답도 자연스럽게 잘 이루어짐	설명이 짧거나 시나리오 전개가 약하며 친구와 질문 응답이 단편적으로 나타남	발표가 전반적으로 미흡하고 친구의 질문에도 적절히 응답하지 못함
참여 태도와 협력성(활동 집중도+친구와의 협력)	활동의 모든 과정에 적극 참여하고, 친구와의 협력, 피드백, 발표에도 주도적으로 기여함	성실히 참여하고 협력적으로 활동하며 의견 교류도 활발함	활동에는 참여했지만 소통과 협력이 전반적으로 소극적임	활동 참여가 수동적이며 역할 수행과 협력 모두 미흡함

※총점 기준 해석표(총 25점)
★23~25점 : 매우 우수 ★19~22점 : 우수 ★15~18점 : 보통 ★10~14점 : 미흡 ★1~9점 : 매우 미흡

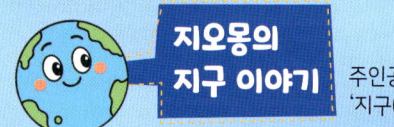

10

왜 높이 올라갈수록 추워질까

■ 아프리카 탄자니아에 있는 킬리만자로.
산꼭대기에는 1년 내내 눈이 쌓여 있다.

■ 지구 온난화로 녹아내리는 킬리만자로의 빙하.

아프리카의 탄자니아는 적도 근처에 있는 나라야. 적도 근처는 태양이 떠서 그 위로 지나가기 때문에 무척 더워. 탄자니아의 1년 평균 기온은 섭씨 25도래. 아무리 추워도 영하로 내려가는 일이 없지. 우리나라가 12~13도 정도이니 비교해 보면 얼마나 더운지 알 거야.

탄자니아에는 킬리만자로라는 높은 산이 있어. 높이가 5895미터야. 아프리카에서 가장 높지. 더운 곳에 있는데도 산꼭대기는 눈으로 뒤덮여 있지. 산꼭대기는 1년 평균 기온이 영하 약 7도여서, 눈이 내려도 녹지 않고 쌓이기 때문이야.

킬리만자로의 아래쪽 지역은 열대의 울창한 숲으로 이뤄져 있어. 그러다 4000미터에 이르면 아무것도 자라지 않는 황무지로 바뀌지. 거기서 더 올라가면 영하로 떨어지면서 빙하 지대가 펼쳐져. 산꼭대기 근처의 빙하는 한때 무척 넓고 (10제곱킬로미터), 두께도 20미터가 넘었대. 그런데 지난 100년 사이 지구 기온이 오르면서 녹아내려 지금은 15퍼센트(100 가운데 15)만 남았대.

세계에서 가장 높은 에베레스트(8848미터)의 꼭대기도 눈으로 덮여 있어. 1년 평균 기온이 킬리만자로보다 훨씬 낮은 영하 약 29도야. 그러니 여름에라도 에베레스트를 등산하려면 두꺼운 방한복을 입어야 해.

■ 킬리만자로 아래쪽에 발달한 열대 숲.

■ 세계에서 가장 높은 에베레스트 꼭대기는 여름철인데도 눈으로 덮여 있다.

에베레스트는 아시아에 있어서 그렇다 쳐도, 킬리만자로는 더운 아프리카에 있는데 왜 추울까. 그건 땅바닥에서 높아질수록 공기가 줄어들어서 그래. 지구는 땅바닥에서 멀어질수록 물체를 끌어당기는 중력이 약해져. 그러니까 높이 올라갈수록 공기가 부족해지는 거야.

공기와 기온이 무슨 관계가 있냐고? 낮에 햇빛이 쏟아지면 땅에서 열을 머금었다 내놓지. 이때 땅에서 내놓은 열을 공기가 실어 날라 전달해 준다고. 그러니 바닥에서 높아질수록 열을 전달하는 공기가 부족해 기온이 낮아질 수밖에 없는 거야. 공기가 전혀 없는 우주에서는 열이 퍼지지 못하니 햇빛이 안 닿는 곳은 엄청 춥겠지.

■ 한국인 최초로 1977년 9월 에베레스트 꼭대기에 오른 산악인 고상돈(1948~79). 에베레스트는 기온이 낮고 공기가 부족해 두꺼운 방한복을 입은 채 산소통을 메고 올라야 한다.

■ 높이 10~11킬로미터(대류권) 꼭대기는 영하 55도로 춥다.

지구의 기온은 100미터 높아질 때마다 평균 0.65도씩 낮아진대. 1000미터가 높아지면 6.5도가 낮아지는 셈이지. 이렇게 계산하면 킬리만자로의 꼭대기는 아래쪽보다 약 39도가 낮은 셈이지. 산 아래가 한여름에 30도라고 하면, 킬리만자로의 꼭대기는 영하 9도가 되는 거야. 실제로는 영하 7도인데, 계산 결과와 비슷해.

그런데 이런 현상이 일어나는 곳은 땅바닥에서 대개 10~11킬로미터 높이까지야. 이곳에 공기의 80퍼센트가 몰려 있거든. 이 구간을 대류권이라고 해. 대류권의 맨 꼭대기는 영하 55도쯤 된대. 대류권에서는 비도 오고 눈도 오지만, 그 위부터는 날씨 현상이 나타나지 않아.

기온-고도 차트 만들기

🌱 활동 목표

* 고도가 높아질수록 기온이 낮아지는 원리를 과학적으로 이해한다.
* 대류권 내 열의 전달 방식과 공기 밀도의 변화를 설명할 수 있다.
* 고도별 대표 지점(산, 비행기 등)의 온도 변화를 시각적으로 표현한다.
* 내가 만든 요소와 창의적 요소를 포함해 '기온-고도 차트'를 설계하고 설명한다.

🌱 수업 전 배경과 개념 설명

* **고도** 지표면에서의 높이(킬리만자로 5895미터, 에베레스트 8848미터 등).
* **대류권** 날씨와 기온 변화가 일어나는 층(10~11킬로미터까지).
* **열 전달** 태양 복사열이 땅을 덥히고, 공기를 통해 위로 전달됨.
* **공기 밀도** 높이 올라갈수록 공기가 사라지면서 열 전달이 줄어듦.
* **기온 감소율** 고도 100미터 상승할 때마다 기온이 약 0.65도씩 떨어짐.

🌱 수업 활동

1) 문제 인식과 분석

도입 발문	왜 킬리만자로 같은 더운 나라의 높은 산엔 눈이 있을까요? / 왜 비행기 안은 춥고, 높은 하늘은 기온이 낮을까요? / 대류권 끝에선 왜 기온이 더 안 내려갈까요?
활동지 칸	이 차트는 고도에 따라 기온이 어떻게 변화하는지를 시각적으로 표현한 과학 모형입니다. 산, 비행기, 대류권 끝 등의 지점을 고려하여 기온-고도 차트를 설계해 봅니다.

2) 기온 차트 설계하기+시나리오 쓰기

• 아래 높이 중 3~4개를 고르고, 내가 만든 고도 1개를 더해, 기온이 어떻게 변하는지와 그 이유를 짧은 이야기로 자세히 써 보세요. 상상한 장면도 함께 넣어 보세요.

항목	설명
① 킬리만자로	평균 기온 영하 7도, 높이 5895미터. 아프리카에 있는 눈 덮인 산이에요.
② 에베레스트	평균 기온 영하 29도, 높이 8848미터. 세상에서 제일 높은 산이에요.
③ 비행기 높이	높이 10~11킬로미터, 평균 기온 영하 55도. 비행기가 날아가는 높이예요.
④ 대류권 끝	여기서부터 기온이 더 안 내려가요. 날씨도 생기지 않아요.
내가 정한 고도	우주 경계선 → 공기가 거의 없어서 기온이 더 이상 변하지 않아요.
시나리오 예시	나는 킬리만자로에서 출발해 에베레스트를 지나 비행기 높이까지 올라갔어요. 올라갈수록 기온이 내려가고, 공기가 줄었어요. 대류권 끝에서는 기온이 거의 그대로였고, 내가 정한 '우주 경계선'에서는 더 이상 기온이 안 바뀌었어요.

3) 설계도 그리기

• 내가 만든 기온-고도 차트의 구조를 그림으로 표현해 보세요. 그리고 각 지점에서 기온이 어떻게 변하는지, 그 이유나 역할을 말풍선이나 문장으로 자세히 설명해 보세요.

표현 예시	① X축 : 기온 / Y축 : 고도　　　　② 100미터마다 0.65도 낮아지는 그래프 ③ 킬리만자로, 에베레스트, 비행기, 대류권 끝, 우주 경계선 등의 지점 표시 ④ 각 지점에 아이콘, 색상, 말풍선, 온도 표시　　⑤ 내가 정한 고도를 강조해서 표시

4) 발표와 친구 질문 응답

발표 항목	예시 문장
차트 이름	'기온 사다리 차트'를 만들었어요.
내가 고른 고도	킬리만자로, 에베레스트, 비행기 고도, 대류권 끝을 넣었어요.
내가 정한 고도	'우주 경계선'을 넣었어요. 더 이상 기온이 떨어지지 않는 구간이에요.
시나리오 요약	산 아래는 따뜻하고, 높이 올라갈수록 기온이 낮아져요. 대류권 끝에선 멈춰요.
친구 질문과 응답	왜 우주에선 기온이 더 떨어지지 않죠? → 공기가 없어 열이 전달되지 않아요.

🌱 교사용 지도 포인트

단계	유도 질문 예시
문제 인식	높은 산 위는 왜 춥고, 기온은 어떻게 변하나? / 공기 밀도와 기온의 관계는 무엇인가?
고도 구성	어느 지점에서 기온이 가장 크게 변하나? / 기온 변화를 어떻게 설명하나?
내가 정한 고도	내가 정한 고도는 어디인가? / 내가 정한 고도는 기온 변화에 어떤 영향이 있나?
시나리오 구성	고도별 기온 변화를 예측할 수 있나? / 시나리오에서 가장 중요한 장면은 무엇인가?
발표 유도	내 차트에서 가장 흥미로운 점은 무엇인가? / 발표 중 친구들이 궁금해한 점은 무엇인가?

🌱 기온-고도 차트 만들기 STEAM 활동 평가 루브릭

평가 항목	5점(매우 우수)	4점(우수)	3점(보통)	2점 이하(미흡)
과학 개념 이해(고도, 기온 변화, 대류권, 기압)	기온 하강의 원리와 고도의 개념을 명확히 이해하고, 시나리오와 설계에 과학적으로 잘 반영하였음	개념을 비교적 잘 이해하고, 고도 구성이나 설명에도 자연스럽게 연결되어 있음	과학 개념이 일부만 표현되고, 전개 과정이 다소 매끄럽지 않으며 내용이 단편적임	과학 개념이 거의 드러나지 않거나 활동 전개의 과정과 전혀 연결되지 않음
고도 구성과 흐름 완성도(지점 선택+내가 정한 고도+기온 변화 표현+창의적 설계)	고도별 지점이 논리적으로 잘 연결되고, 내가 정한 고도도 창의적이고 구체적으로 자세히 구성되었음	지점 선택이 대체로 자연스럽고, 내가 정한 고도도 비교적 잘 구성되어 적절히 반영됨	선택된 지점은 있으나 연결이 단조롭고, 내가 정한 고도의 설명이 부족하거나 모호함	선택 지점들이 나열에 그치고, 창의성이나 전체적인 연결성이 전반적으로 부족함
시각 표현과 설계도 완성도(차트 구조, 색상, 말풍선, 아이콘)	차트의 구조와 설명이 시각적으로 명확하게 표현되었고, 각 요소가 기능과 긴밀하게 연결되어 나타남	대부분의 요소가 전반적으로 잘 표현되어 설계도를 이해하는 데 전혀 무리가 없음	그림이나 설계도의 설명이 부족하거나 색상과 위치 표현이 다소 약하게 나타남	설계도는 있지만 각 지점의 의미와 역할이 제대로 드러나지 않아 이해하기 어려움
설명력과 발표 참여(시나리오 설명+친구 질문 응답)	시나리오가 논리적이고 과학적으로 잘 구성되어 있으며, 친구의 질문에도 정확하게 응답해 이해를 도움	시나리오의 전개 과정이 비교적 자연스럽고 친구의 질문에 대한 응답도 충실하게 이루어짐	시나리오나 활동 결과 설명이 짧거나 질문 응답이 다소 제한적으로 이루어짐	시나리오나 활동 결과 발표 전개 과정이 단편적이며 질문 응답도 전반적으로 미흡함
참여 태도와 협력성(활동 집중도+친구와의 협력)	활동에 적극적이고 협력과 설계에도 몰입하며 피드백도 활발히 주고받음	활동 전반에 성실히 참여하고 친구들과의 상호작용도 비교적 원활함	집중도가 낮고 친구와의 협력이 제한적으로 이루어짐	활동이 수동적이며 친구와의 협력도 거의 드러나지 않음

※총점 기준 해석표(총 25점)
★23~25점 : 매우 우수 ★19~22점 : 우수 ★15~18점 : 보통 ★10~14점 : 미흡 ★1~9점 : 매우 미흡

11

왜 지구의 기온이 올라갈까

공룡이 멸종한 6600만 년 전에는 지구가 지금보다 훨씬 따뜻했어. 남극이나 북극 지방에는 얼음이 없었지. 육지는 바닷물에 잠겨 얕은 바다가 넓게 펼쳐졌어. 온난화가 심했기 때문이야. 그때는 평균 기온이 지금보다 3~5도 높은 18~20도쯤 되었지. 공기 가운데 온실가스인 이산화탄소가 많아서 그랬어.

그런데 공룡 멸종 300만 년 전부터 기온이 조금씩 떨어져서 18도가 된 거야. 그래서 공룡의 종류와 수가 줄었지. 화산이 끊임없이 폭발하면서 기온을 떨어뜨리는 가스가 많이 나왔기 때문이야. 그러니 지구에 천체가 떨어지지 않았어도 공룡이 멸종했을 거란 말이지.

지금은 기온이 올라가는 온난화 때문에 걱정이 크지. 옛날보다 이산화탄소가 늘어서 그래. 지금 지구의 평균 기온은 공업이 발달하기 시작한 1850년보다 1도쯤 높아졌어. 이산화탄소가 절반 이상 증가했지.

이산화탄소는 온실 효과를 일으켜서 지구의 기온을 높이는 가스야. 한겨울에 딸기를 먹을 수 있는 까닭은 온실을 만들어 딸기를 키우기 때문이지. 온실은 열이 달아나지 못하게 비닐이나 유리로 막아 실내 온도를 유지하잖아. 비닐 역할을 하는 것이 지구를 둘러싼 공기 중의 이산화탄소야. 온실의 비닐처럼 태양열을 우주로 달아 나지 못하게 붙잡는 거지.

■ 영국에서는 1800년대 석탄을 때서 움직이게 만든 기차(증기 기관차)가 개발되었다.

태양

통과

온실가스

온실가스

흡수

반사

공기 중의 이산화탄소는 아주 적지만 온난화에 미치는 힘은 100 가운데 74만큼 차지한대. 지구를 둘러싼 공기를 1만 개의 작은 공이라고 생각해 볼까. 질소는 7808개, 산소 2095개, 이산화탄소는 약 4개야. 그래서 이산화탄소가 온난화를 일으키는 주범으로 미움을 받는 거지.

그런데 지구에 온실가스가 없다면 어떻게 될까. 지구의 평균 기온이 영하 18도까지 떨어져 생물이 살 수 없대. 하지만 온실가스가 빨리 늘어나서 문제야. 온실가스가 늘어날수록 우주로 달아나는 태양열을 많이 붙잡아서 기온을 올라가게 만드는 거야.

170년 만에 겨우 1도쯤 높아졌는데, 지구 곳곳에서 산불과 홍수가 나거나 아니면 비가 오지 않아서 몸살을 앓고 있지. 모기 등 해충이 늘어나 감염병도 자주 생기고 말이야.

이산화탄소가 늘어나는 이유는 옛날보다 화석 연료를 많이 써서 그래. 공장에서 기계를 돌리고, 자동차와 비행기를 움직이기 위해 화석 연료가 필요한 것이지. 석유나 석탄, 천연가스를 화석 연료라고 해. 화석처럼 옛날에 동물과 식물이 죽은 뒤 오랫동안 땅속에 묻혀서 만들어진 거야. 그게 액체로 남으면 석유, 고체가 되면 석탄, 기체로 남으면 천연가스가 되는 거야.

■ 바다의 밑바닥을 뚫고 석유와 천연가스를 뽑아내는 시설.

지구가 땀 흘려요!

활동

🌱 활동 목표

* 온실 효과가 무엇인지 그림과 이야기로 쉽게 이해한다.
* 이산화탄소가 많아지면 지구가 더워지는 이유를 말할 수 있다.
* 지구가 땀 흘리는 이유를 상상하고, 지구의 입장에서 시나리오를 만든다.
* 지구를 덥히는 요소와 그 작용을 시각 자료로 나타내어 설명한다.

🌱 수업 전 배경과 개념 설명

* **온실 효과** 태양열이 들어온 뒤, 기체 때문에 빠져나가지 못해 지구가 더워지는 일.
* **이산화탄소** 공기에 아주 적게 있지만, 열을 붙잡는 힘이 커서 지구를 뜨겁게 만드는 온실가스.
* **온실** 딸기나 채소를 키우는 따뜻한 비닐 집. 열을 밖으로 못 나가게 막아 준다.
* **공기 조성** 질소, 산소, 이산화탄소 등 여러 기체로 이루어진 지구의 공기 구성.
* **기후 변화** 공기 속 이산화탄소가 많아져 날씨가 점점 뜨거워지고 비정상적으로 바뀌는 일.

🌱 수업 활동

1) 문제 인식과 분석

도입 발문	지구가 더워지는 건 왜일까요? / 공기 속에 이산화탄소가 그렇게 많지도 않은데, 왜 문제일까요? / 지구는 왜 자꾸 땀을 흘리는 것처럼 뜨거워질까요?
활동지 칸	이 활동은 지구가 더워지는 이유를 이산화탄소와 온실 효과로 설명해 보고, 지구가 땀 흘리는 상황을 이야기와 그림으로 상상해 보는 활동입니다. 지구를 식힐 수 있는 나만의 아이디어도 설계해 볼 거예요.

2) 열을 가둔 공기 구성하기+시나리오 쓰기

* 공기 속 기체 정보 중 3~4개를 선택해, 그 기체가 지구 온도에 어떤 영향을 주는지 적어 보세요. 내가 만든 기체 1개도 추가하고, 지구가 느끼는 상황을 시나리오로 표현해 보세요.

항목	설명
이산화탄소	열을 붙잡는 온실가스예요. 양은 적지만 지구를 뜨겁게 만들어요.
수증기	공기 속 물의 기체예요. 많아질수록 열을 더 많이 가둬서 지구를 더 덥게 해요.
질소	공기의 대부분이에요. 온도와는 거의 관계가 없어요.
메테인	소의 트림이나 매립지에서 나오는 기체로, 이산화탄소보다 온실 효과가 더 강해요.
내가 만든 기체	지구 보호막 기체 → 열이 많을 때 일부를 반사하는 기능성 기체예요.
시나리오 예시	나는 지구야. 요즘 너무 덥고 숨이 차. 이산화탄소, 수증기, 메테인이 많아져 열이 쌓이고 있어. 기온도 1도 넘게 올랐고 산불도 자주 나. 네가 만든 '지구 보호막 기체' 덕에 열이 반사돼 숨이 좀 쉬워졌어. 아직 부족하지만 희망은 있어!

3) 지구가 더워지는 과정 설계도 그리기

* 지구가 더워지는 원인을 단계별로 그림이나 차트로 시각화하세요. 내가 고른 기체와 내가 만든 '지구 보호막 기체'를 모두 포함해서, 각 기체의 역할과 작용, 그로 인한 변화를 말풍선에 설명하세요.

표현 예시	① 태양 빛이 지구 표면에 도달(기온 상승) ② 이산화탄소 : 열을 붙잡아 지구를 뜨겁게 함 ③ 수증기 : 열을 더 많이 가둬 기온 상승 ④ 메테인 : 이산화탄소보다 더 강한 온실 효과 ⑤ 지구 보호막 기체 : 열이 많을 때 일부를 반사해 기온 상승을 억제

4) 발표와 친구 질문 응답

발표 항목	예시 문장
기체 이름	'지구 땀 닦기 연구소' 기체입니다.
내가 고른 기체	이산화탄소, 수증기, 메테인, 질소입니다.
내가 만든 기체	'지구 보호막 기체'를 만들었어요. 열이 많을 때 일부를 반사해 지구를 식혀 줘요.
시나리오 요약	지구가 더워요. 열이 쌓이지만, 내가 만든 기체가 반사해 식혀 줘요.
친구 질문과 응답	이 기체가 있다면 어디에 뿌릴까? → 하늘에 퍼지게 해서 햇빛을 막으면 좋아요.

🌱 교사용 지도 포인트

단계	유도 질문 예시
문제 인식	지구는 왜 더워졌을까? / 어떤 기체가 열을 붙잡고 있을까?
기체 구성	이산화탄소는 적은데 왜 큰 영향을 줄까? / 어떤 기체가 온도에 영향을 줄까?
내가 만든 기체	네가 만든 기체는 어떤 문제를 해결해? / 어떻게 작동하니?
시나리오 구성	지구가 말한다면 뭐라고 할까? / 언제 가장 힘들까?
발표 유도	너의 기체는 어떤 원리로 지구를 보호하니? / 친구의 기체와 비교해 어떤 점이 다르니?

🌱 지구가 땀 흘려요! STEAM 활동 평가 루브릭

평가 항목	5점(매우 우수)	4점(우수)	3점(보통)	2점 이하(미흡)
과학 개념 이해(온실 효과, 이산화탄소, 기체 비율, 기온 변화)	온실 효과와 이산화탄소·수증기·메테인의 역할을 정확히 이해하고, 시나리오와 설계 전반에 자연스럽게 반영함	대부분의 개념이 표현되어 있고, 선택한 기체와 비교적 자연스럽게 연결됨	개념은 일부 표현되었지만, 기능과의 연결이 단편적이거나 다소 불분명함	개념이 거의 드러나지 않거나 활동 내용과 맞지 않아 의미 전달이 어려움
기체 구성과 흐름 완성도(기체 구성+내가 만든 기체+내용 연결성+창의적 설계)	선택한 기체 정보 4개 이상이 논리적으로 연결되고, 내가 만든 기체도 창의적으로 설계되어 시나리오에 자연스럽게 반영됨	기체 정보 3개 이상이 자연스럽게 연결되고, 내가 만든 기체도 포함되어 있음	기체 정보는 있으나 연결이 단편적이고, 내가 만든 기체에 대한 설명이 부족함	기체 정보가 단순히 나열되고, 내가 만든 기체가 없거나 창의성이 부족함
시각 표현과 설계도 완성도(위치, 기능, 말풍선, 색 구분)	지구를 덮히는 요소를 나타낸 설계도의 각 부분이 형태와 기능이 잘 드러나고, 말풍선·위치·색 구분도 완성도가 높음	시각 요소의 대부분이 적절하게 표현되어 있고, 각 부분의 형태도 비교적 명확하게 묘사됨	그림 또는 설명이 일부 부족하거나 온실가스의 위치와 기능 설명이 모호함	그림만 있고 설명이 없거나, 온실가스의 위치와 작용 순서가 드러나지 않음
설명력과 발표 참여(시나리오 설명+친구 질문 응답)	발표가 조리 있으며, 시나리오와 기체에 대한 설명이 자연스럽고, 질문에도 창의적이며 논리적으로 정확하게 답함	발표는 비교적 충실하고, 친구 질문 응답도 자연스럽게 이어지며 내용 전달이 명확함	설명이 짧거나 핵심이 빠지고, 친구 질문에 대한 이해가 부족해 응답이 어려움	발표가 단편적이고, 질문에 답을 못하거나 엉뚱하게 답하여 내용이 혼란스러움
참여 태도와 협력성(활동 집중도+친구와의 협력)	활동에 몰입해 설계와 시나리오를 성실히 완성하고, 친구와의 피드백과 협력도 잘 이루어짐	활동 전반에 대부분 성실히 참여하고, 친구와의 협력도 잘 이뤄짐	활동엔 참여했지만 설계·협력은 소극적이고, 피드백도 적음	활동 참여에 수동적이고, 협력·소통·설계 완성도 낮음

※총점 기준 해석표(총 25점)
★23~25점 : 매우 우수 ★19~22점 : 우수 ★15~18점 : 보통 ★10~14점 : 미흡 ★1~9점 : 매우 미흡

지오몽의
지구 이야기

주인공 **지오몽**은
'지구(Geo)의 꿈'이란 뜻입니다.

빙하기에는
얼마나 추웠을까

오늘은 지오몽이 문제부터 내 볼 테니 맞혀 봐. 넓은 들판 한가운데에 놓인 커다란 바위를 본 적이 있지. 그 바위는 언제 누가 그곳에 가져다 놓은 걸까. 옛날에 우주인이 그랬을까, 아니면 땅 밑에서 솟아오른 걸까?

궁금증을 풀려면 1만 2000년 전인 마지막 빙기로 거슬러 올라가야 해. 털북숭이 매머드가 아직 지구를 누비고 있을 때지. 지구 나이 46억 년 동안 대빙하기가 5번이 있었대. 지금은 5번째 대빙하기인데, 마지막 빙기는 11만 년 전에 시작되어 1만 2000년 전에 끝났어. 그 바람에 기온이 확 오르면서 매머드가 멸종한 것이고.

큰 바위가 있는 들판은 마지막 빙기에 온통 얼음으로 덮여 있었어. 그전에는 맨땅이었지. 그런데 날씨가 추워지자 주변의 높은 산 꼭대기에 있던 얼음이 커지면서 들판으로 밀고 내려온 거야. 그때 산에 있던 바위가 얼음에 실려 밑으로 여행을 했지. 그러다 빙기가 끝나면서 얼음이 바위만 남겨 놓고 산꼭대기로 올라간 거야.

근데 마지막 빙기에 지구가 온통 얼음으로 덮였을까? 모두는 아니고, 육지의 약 3분의 1만 덮였었대. 위도가 높은 곳의 얼음이 아래쪽으로 밀고 내려와 그런 것이지. 물이 어는 바람에 바닷물이 줄어서 육지는 지금보다 훨씬 넓었대.

　빙하기의 기온은 지금보다 6~7도쯤 낮았대. 미국의 과학자들이 조사했는데, 2만 년 전 마지막 빙기의 평균 기온은 섭씨 7.8도였다고 해. 지금 평균 기온이 15도이니까 7도쯤 더 낮았던 거지. 지금 평균 기온은 100년 전보다 약 1도쯤 더 올랐는데, 기후 변화 때문에 난리잖아. 그러니 7도의 위력을 알겠지?

　마지막 빙기에도 사람과 매머드 같은 추위에 강한 동물만 살아남았어. 식물도 있었지. 나무는 키가 작고, 사철 푸른 상록수나 덤불만 버틸 수 있었어. 잔디와 허브 같은 풀도 자라서 매머드가 주로 먹었지. 꽃이 피는 식물도 있었지만, 추운 날씨 탓에 피는 시기는 아주 짧았대.

　　빙하기에 사람들이 먹을 거라고는 동물밖에 없었어. 그런데 사냥하기가 무척 어려웠지. 그래서 잡은 동물을 조금도 남기지 않고 이용했다네. 남자들이 동물을 잡아오면 여자와 어린이들은 동물을 손질했어. 고기와 내장은 식량으로 쓰고, 가죽과 털은 옷이나 담요, 천막을 만들었지. 위장은 물주머니로, 뼈는 바늘이나 도구로 써먹었어.

　　그때 사람들은 돌을 떼어 내 사용했는데, 과거 원숭이를 닮은 사람들보다 머리가 훨씬 좋았어. 그래서 여럿이 힘으로 하는 사냥보다는, 동물이 다니는 길목에 덫을 놓아 잡았어. 큰 동물이 덫에 걸려 상처를 입으면 그때 안전하게 잡으면 되는 것이지.

빙하기 단서 추적 작전

🌱 활동 목표

＊ 빙하기에 실제로 어떤 환경 변화가 있었는지 단서를 통해 이해한다.
＊ 오늘날 지형과 바위, 식물 등을 관찰하여 빙하기 흔적을 추적한다.
＊ 지형과 기후 단서를 바탕으로 빙하기 상황을 상상하고 설명한다.
＊ 빙하기 단서를 정리해 지도로 표현하고 친구들과 발표한다.

🌱 수업 전 배경과 개념 설명

＊ **빙하기** 지구의 기온이 매우 낮아져 얼음이 넓게 퍼졌던 시기.
＊ **빙하** 눈이 쌓여 얼음이 된 것으로, 천천히 이동하며 땅을 깎거나 바위를 밀어냄.
＊ **표석** 빙하가 이동하면서 먼 곳까지 끌고 온 큰 바위.
＊ **기온 변화** 평균 기온이 5~10도 낮아지면 생태계가 크게 달라짐.
＊ **흔적 관찰** 오늘날 땅, 바위, 식물에서 과거 환경을 추측하는 방법.

🌱 수업 활동

1) 문제 인식과 분석

도입 발문	들판에 있는 커다란 바위는 어떻게 거기까지 왔을까? / 지금 땅속이나 숲, 산속에 남아 있는 빙하기의 흔적은 뭐가 있을까? / 빙하기에는 어떤 동물들이 살아남았을까?
활동지 칸	이 활동은 빙하기 때 생긴 단서들을 찾아서, 지금 지구에 남아 있는 빙하기의 흔적을 추적하는 활동이에요. 우리는 과학 탐정이 되어 바위, 땅, 식물, 기후 자료를 보고, 빙하기에 무슨 일이 있었는지 생각해 볼 거예요.

2) 단서 구성하기+시나리오 쓰기

• 아래 빙하기 단서 중 3~4개를 선택하고, 그 단서가 말해 주는 사실을 정리해 보세요. 내가 만든 새로운 단서 1개도 추가하고, 빙하기 상황을 상상해 시나리오로 써 보세요.

항목	설명
들판의 큰 바위	산에서 멀리 떨어진 바위예요. 빙하가 밀고 와서 놓고 간 흔적이에요.
바위에 난 줄무늬	바위에 곧고 깊은 선이 있어요. 얼음이 지나간 방향을 알려 줘요.
땅속의 얼음층	땅속 깊은 곳에서 얼음이 발견됐어요. 과거에 매우 추웠다는 증거예요.
키 작은 상록수	잎이 시들지 않고 키가 작은 식물이에요. 빙하기 때도 살아남았어요.
내가 만든 단서	동굴 벽화 속 그림 → 빙하기에 살던 생물의 기록이 남아 있어요.
시나리오 예시	산에 쌓인 얼음이 흘러와 큰 바위를 들판에 밀어 놓았어요. 바위엔 얼음이 지나간 줄무늬가 있고, 땅속엔 아직 얼음층도 남아 있죠. 근처엔 키 작은 상록수와 매머드가 그려진 동굴 벽화가 있어요. 이 모든 흔적은 이곳이 오래전에 아주 추웠다는 사실을 보여 줘요.

3) 단서 지도 만들기

• 빙하기 단서를 그림으로 그리고, 색이나 위치로 나타냈어요. 큰 바위, 줄무늬, 얼음층, 상록수를 실제 위치에 배치하고, 말풍선으로 설명했어요. 내가 만든 단서는 다른 색이나 선으로 표시했어요.

표현 예시	① 들판에 표석 표시(커다란 바위 그림)	② 산 쪽으로 얼음 화살표
	③ 바위 위 줄무늬 표시	④ 내가 만든 단서(빙하기에 살던 사람들이 남긴 동굴 벽화의 위치)

4) 발표와 친구 질문 응답

발표 항목	예시 문장
탐정단 이름	저는 '빙하기 단서 탐정단'의 지도 조사원이에요.
내가 고른 단서	들판의 큰 바위, 바위에 난 줄무늬, 땅속의 얼음층, 키 작은 상록수를 넣었어요.
내가 만든 단서	얼어붙은 동굴 안에서 발견된 벽화 속 고대 동물 그림을 넣었어요.
시나리오 요약	얼음이 산에서 내려오고, 바위를 밀고 나무를 덮었어요. 지금도 들판엔 그 흔적이 남아 있어요.
친구 질문과 응답	바위가 원래 거기 있었던 건 아닐까요? → 산과 너무 떨어져 있어서 얼음이 옮겼다고 생각했어요.

🌱 교사용 지도 포인트

단계	유도 질문 예시
문제 인식	들판에 큰 바위가 왜 있을까? / 그 바위는 어디서 왔을까?
단서 구성	이 줄무늬나 나무는 어떤 걸 알려 줄까? / 그렇게 판단한 이유는 무엇인가?
내가 만든 단서	너만의 단서는 무엇인가? / 빙하기와는 어떻게 연결될까?
시나리오 구성	여러 단서를 합쳐 무슨 일이 있었는지 추측해 볼까? / 어떤 과정을 거쳐 이런 일이 생겼을까?
발표 유도	친구의 단서와 비교했을 때 특별한 점은 무엇인가? / 왜 그게 중요한 단서였을까?

🌱 빙하기 단서 추적 작전 STEAM 활동 평가 루브릭

평가 항목	5점(매우 우수)	4점(우수)	3점(보통)	2점 이하(미흡)
과학 개념 이해(빙하기, 기후 변화, 빙하 이동, 지층 변화)	빙하기 개념과 단서를 잘 이해하고, 시나리오와 지도 설계에 자연스럽게 반영하며 과학 용어도 적절히 사용함	개념이 대부분 잘 표현되었고, 단서 해석이나 이야기 안에 비교적 잘 연결됨	과학 개념이 일부 표현되었지만 설명이 단편적이거나 연결이 약함	개념이 드러나지 않거나 활동과 맞지 않아 내용 전달에 어려움이 있음
단서 구성과 흐름 완성도(단서 선택+내가 만든 단서+단서 연결+창의적 설계)	단서가 4개 이상 논리적으로 연결되고, 내가 만든 단서도 창의적으로 표현되며 시나리오 흐름도 자연스럽게 이어짐	단서 3개 이상이 대부분 연결되고, 내가 만든 단서도 포함되어 이야기 흐름에 잘 반영됨	선택한 단서와 내가 만든 단서는 있으나 연결이 약하고 시나리오도 비논리적임	단서만 나열되어 있고, 내가 만든 단서나 시나리오도 없으며 창의성도 보이지 않음
시각 표현과 지도 완성도(단서 위치, 화살표, 말풍선, 색 구분)	단서의 위치, 방향, 의미가 지도에 명확히 표현되어 있으며, 말풍선, 색 구분 등 시각 요소도 완성도 높게 구성됨	시각 요소 대부분이 적절하게 표현되어 있고, 전체 구조도 비교적 명확하게 드러남	그림 또는 설명이 일부 부족하거나 구분이 모호하고 단서 의미 전달이 약함	지도는 있으나 설명이 거의 없거나 각 부분의 연결 과정이 드러나지 않음
설명력과 발표 참여(시나리오 설명+친구 질문 응답)	발표 흐름이 조리 있고 단서 해석과 시나리오 설명이 자연스럽게 이어지며, 친구 질문에도 논리적이고 창의적으로 응답함	발표 내용이 비교적 충실하게 제시되고, 질문에도 대부분 자연스럽고 명확하게 응답함	발표 내용이 짧거나 설명에 핵심을 놓쳤으며, 친구의 질문에 응답이 미흡함	발표가 짧거나 설명에 핵심이 부족하며, 친구 질문 응답도 전반적으로 미흡함
참여 태도와 협력성(활동 집중도+친구와의 협력)	활동에 몰입해 단서 해석과 지도 설계를 완성하고, 친구와의 협력과 피드백도 잘 이루어짐	대부분의 시간에 성실히 참여하고, 친구와 협력적으로 활동함	참여했지만 해석이나 협력이 소극적이고, 피드백도 부족함	참여가 수동적이고, 협력·소통·완성도 모두 낮음

※총점 기준 해석표(총 25점)
★23~25점 : 매우 우수 ★19~22점 : 우수 ★15~18점 : 보통 ★10~14점 : 미흡 ★1~9점 : 매우 미흡

Chapter

3

생명과 자연 1

지오몽의 지구 이야기 주인공 **지오몽**은 '지구(Geo)의 꿈'이란 뜻입니다.

지구의 생명은 어디서 시작되었을까

미국의 잠수정 앨빈호에 탄 과학자들이 1977년 깊이 2600미터쯤 되는 바다 밑을 탐사하고 있을 때였어. 동태평양의 갈라파고스 제도(섬) 북서쪽 바다였지. 바다 밑의 굴뚝처럼 생긴 곳에서 엄청 뜨거운 검은색 물과 가스가 치솟는 거야. 깊은 바다 밑의 물 온도는 냉장고 안보다 차가운 섭씨 2도 수준이야. 굴뚝에서 치솟는 물은 400도가 넘었어.

과학자들은 이 구멍의 이름을 말 그대로 '열수구'라고 붙였지. 그 뒤 열수구가 깊이 2500~3000미터의 깊은 바다 밑에서 자주 발견되었어. 바다 밑에서 뜨거운 물과 가스가 솟는 까닭은 뭘까.

■ 열수구에서 검은색 물과 가스가 솟구치고 있다.
(사진 : 한국해양과학기술원 블로그)

열수구 아래쪽 2~5킬로미터 깊이에는 마그마방이 자리를 잡고 있어. 아주 뜨거운 마그마가 잔뜩 고여 있는 곳이야. 마그마는 암석이 녹아서 흐물흐물해진 액체야. 지구 속 깊은 곳의 열을 받은 암석이 녹아서 만들어진 것이지.

열수구가 있는 곳에는 바닥부터 마그마방까지 틈이 벌어져 있어. 그 틈으로 흘러 들어간 바닷물이 마그마방 근처에서 데워져 다시 치솟는 거야. 마그마가 얼마나 뜨거우냐면 섭씨 1100~1250도쯤 된대. 구리가 녹는 온도는 1085도, 철이 녹는 온도가 1538도야. 그러니 철을 빼고 웬만한 금속은 녹일 수 있지.

온수

열수 분출공

마그마

■ 열수구 밑에 있는 마그마방.

따라서 열수구에서 뿜어 나오는 물에는 화산처럼 여러 암석 성분이 녹은 상태로 섞여 있어. 열수구의 물은 온도가 낮은 바닷물과 만나면서 갑자기 식어 버리게 되지. 이때 물에 녹아 있던 암석 성분이 다시 굳어지면서 바닥에 쌓여 굴뚝처럼 만들어지는 거야.

열수구의 물에는 철 성분이 많아서 검은 연기처럼 보이는 거래. 그래서 과학자들은 열수구를 '블랙 스모커'라고도 불러. 구리와 아연, 납도 들어 있고, 아주 독한 유황 가스도 포함되어 있어. 열수구 근처의 물 온도는 100도쯤 된대. 이렇게 뜨거운 물과 유황 가스가 나오는 열수구 주변에 생물이 산다면 믿겠어?

환경은 무지 나쁘지만 열수구 주변에는 미생물이 많이 산대. 이들 미생물은 열수에 포함된 황화 수소의 수소와 바닷물에 녹아 있는 이산화 탄소를 결합시켜 만든 물질(유기물)을 먹고 산대. 관벌레도 유황 가스로 숨을 쉬고, 용암에서 나오는 찌꺼기를 먹으며 잘 살고 있지. 조개와 게, 새우 등도 이곳의 주인 노릇을 하고 있어.

뜨거운 바닷물에서 생물이 사는 방법과, 독한 가스로 숨을 쉬고, 용암 찌꺼기를 소화하는 방법 등은 아직 다 밝혀지지 않았어. 그런데도 이런 환경에서 생물이 살아가기 때문에 지구에서 생명이 시작된 곳을 열수구로 보는 과학자가 많아.

■ 열수구에 사는 생물. (사진 : 한국해양과학기술원 블로그)

■ 관벌레

열수구 생물 카드 만들기

🌱 활동 목표

* 열수구의 고온·무산소·암흑 환경을 과학적으로 이해한다.
* 빛 없이도 사는 화학 합성 생물의 생존 방식을 탐색한다.
* 열수구 생물의 구조와 기능이 환경에 따라 어떻게 적응했는지 상상해 본다.
* 생물을 카드 형식으로 표현하여 과학적 특징과 창의적 상상을 결합한다.

🌱 수업 전 배경과 개념 설명

* **열수구** 깊은 바다 밑에서 400도 이상의 뜨거운 물과 가스가 솟는 굴뚝 모양의 틈.
* **블랙 스모커** 철, 구리, 유황 등이 섞인 뜨거운 물이 검은 연기처럼 솟아나는 열수구.
* **화학 합성** 빛 없이 황화 수소나 이산화탄소로 유기물을 만드는 생명 활동.
* **생물 적응** 젤리 몸, 유황 호흡, 금속 소화, 감지 기관 등 환경에 맞춘 생존 방식.
* **생명의 기원설** 일부 과학자들이 열수구를 지구 생명의 시작점으로 보는 이론.

🌱 수업 활동

1) 문제 인식과 분석

도입 발문	햇빛도 없고 400도나 되는 물과 유황 가스가 가득한 곳에서 생물이 살 수 있을까요? / 그런 환경에 맞는 생물을 만든다면 어떤 모습일까요? / 살아남으려면 어떤 특별한 기능이 필요할까요?
활동지 칸	이 카드는 열수구처럼 극한 환경에서 사는 생물을 상상해 만든 캐릭터 카드입니다. 생물의 생존 기능과 적응 방식을 과학적으로 생각하고, 창의적으로 표현해 보세요.

2) 기능 구성하기+시나리오 쓰기

• 아래 기능 중 3~4개와 내가 만든 기능 1개를 고르고, 각 기능이 열수구 환경에서 생존에 어떤 도움이 되는지 써 보세요. 그리고 이 생물이 어떻게 하루를 사는지 짧게 시나리오로 연결하세요.

항목	설명
젤리 몸 방어	딱딱한 뼈 대신 말랑한 몸으로 깊은 바닷속 압력을 견딜 수 있어야 해요.
황화 수소 호흡기	유황 가스 같은 독한 기체도 들이마실 수 있는 특별한 호흡 구조를 갖춰야 해요.
금속 소화 기관	바위에 붙은 금속 찌꺼기를 에너지로 바꿔 먹을 수 있어야 해요.
감지 더듬이	물이 너무 뜨거워지기 전에 알아차리고 몸을 피할 수 있어야 해요.
내가 만든 기능	열 내성 껍질 → 뜨거운 물줄기에 데지 않도록 몸을 감싸는 껍질이 있어야 해요.
시나리오 예시	이 생물은 열수구 근처 바위에서 살아요. 젤리 몸으로 수압을 견디고, 황화 수소 호흡기로 숨을 쉬어요. 금속 조각을 먹고 살며, 감지 더듬이로 뜨거운 물줄기를 미리 알아차려요. 열 내성 껍질 덕에 몸이 익지 않고 하루를 안전하게 보낼 수 있어요.

3) 생물 카드 그리기

• 카드 앞면엔 생물의 이름과 생김새 그림, 뒷면엔 기능, 서식 환경, 방어법, 먹이를 넣어요. 색상, 말풍선, 도형, 아이콘을 사용하고, 방어력(★★★★☆)과 생존력(★★★★★)을 표시하세요.

표현 예시	① 카드 앞면 : 생물의 모습과 이름, 생김새 그림	② 카드 뒷면 : 기능 설명, 서식 환경, 방어법, 먹이 등
	③ 도움 요소 : 색상, 말풍선, 도형, 아이콘	④ 능력치 : 방어력 ★★★★☆, 생존력 ★★★★

4) 발표와 친구 질문 응답

발표 항목	예시 문장
카드 이름	'황열 새우 Z'를 만들었어요.
내가 고른 기능	젤리 몸 방어, 황화 수소 호흡기, 금속 소화 기관, 감지 더듬이를 넣었어요.
내가 만든 기능	'열 내성 껍질'을 넣었어요. 아주 뜨거운 물도 견딜 수 있는 기능이에요.
시나리오 요약	열수구 주변에서 뜨거운 물을 감지하고, 황화 수소로 숨쉬며 금속을 먹고 살아요.
친구 질문과 응답	너무 뜨거운데 어떻게 안 익어요? → 열 내성 껍질이 있어서 괜찮아요.

🌱 교사용 지도 포인트

단계	유도 질문 예시
문제 인식	햇빛이 없는데 어떻게 살아? / 뜨거운 데서도 사는 게 가능해?
기능 구성	어떤 기능이 필요할까? / 그 기능이 몸에서 무슨 역할을 할까?
내가 만든 기능	어떤 문제를 해결해? / 어떻게 작동해?
시나리오 구성	이 생물은 하루를 어떻게 살아? / 언제 그 기능이 쓰일까?
발표 유도	친구의 생물과 뭐가 달라? / 어떤 기능이 가장 특별해?

🌱 열수구 생물 카드 만들기 STEAM 활동 평가 루브릭

평가 항목	평가 루브릭			
	5점(매우 우수)	4점(우수)	3점(보통)	2점 이하(미흡)
과학 개념 이해(열수구, 화학 합성, 생물 적응, 극한 환경)	열수구 환경과 생물의 생존 방식(화학 합성, 적응 등)을 정확히 이해하고, 카드에 적힌 기능과 시나리오에 자연스럽게 반영됨	개념이 대부분 기능 설명에 포함되고, 시나리오 안에 비교적 잘 드러남	과학 개념이 일부 표현되었지만 설명이 단편적이거나 내용 연결이 약함	개념이 거의 드러나지 않거나, 기능과 따로 표현되어 의미 전달이 어려움
기능 구성과 흐름 완성도(생물 기능+내가 만든 기능+기능 연결+창의적 설계)	구성 요소들이 논리적으로 연결되며, 내가 만든 기능도 독창적이고 과학적으로 설계됨. 시나리오 흐름도 자연스럽게 이어짐	생존 기능 적용 순서가 자연스럽고, 내가 만든 기능과 시나리오도 잘 연결됨	기능은 있으나 환경과의 연결이 단편적이고, 내가 만든 기능 설명도 부족함	기능이 단순 나열되고, 내가 만든 기능이 없거나 창의성이 드러나지 않음
시각 표현과 설계도 완성도(카드 구조, 위치, 색상 구분, 말풍선)	생물의 구조와 기능이 카드 그림에 명확히 표현되어 있으며, 말풍선·색상·기능 등 시각 요소 구성도 완성도가 높음	구조와 설명이 대부분 적절하게 연결되어 있고, 시각 요소도 비교적 잘 표현됨	그림 또는 설명의 일부가 부족하거나, 열수구 생존 기능의 위치와 구분이 모호함	그림만 있고 설명이 거의 없거나, 열수구 생존 기능의 표현이 충분하지 않음
설명력과 발표 참여(시나리오 설명+친구 질문 응답)	발표가 시나리오 흐름을 따라 잘 구성되고, 내가 만든 기능도 자연스럽게 포함됨. 친구 질문에도 논리적으로 응답함	발표 흐름이 비교적 자연스럽고, 설명도 충실하며 질문 응답도 적절히 이루어짐	발표가 짧거나 핵심 내용이 빠져 있고, 친구의 질문에 대한 답변도 미흡함	발표가 단편적이고 설명이 불충분하며, 질문에 대한 응답도 없거나 엉뚱함
참여 태도와 협력성(활동 집중도+친구와의 협력)	활동에 몰입하며, 카드 설계를 성실히 완성하고, 친구와의 피드백과 협력도 활발히 이루어짐	대부분 시간에 성실히 참여하고, 친구와 협력해 활동함	활동엔 참여했지만 카드 설계 시 집중이 약하고 소통도 소극적임	활동 참여가 수동적이며, 협력·소통의 흔적이 거의 없음

※총점 기준 해석표(총 25점)
★23~25점 : 매우 우수 ★19~22점 : 우수 ★15~18점 : 보통 ★10~14점 : 미흡 ★1~9점 : 매우 미흡

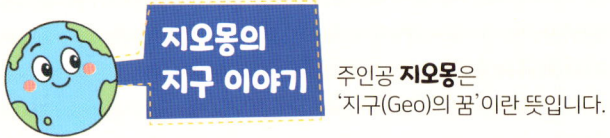
지구 생명체
탄생의 신비 풀릴까

소행성 '베누'에서 물과 탄소가 발견되었대. 물과 탄소는 생명체를 이루는 기본 물질이야. 그렇다고 베누에 생명체가 산다는 건 아니야. 베누에서 가져온 암석을 더 연구하면 지구의 생명체가 처음에 어떻게 생겼는지 알 수도 있다는 뜻이지.

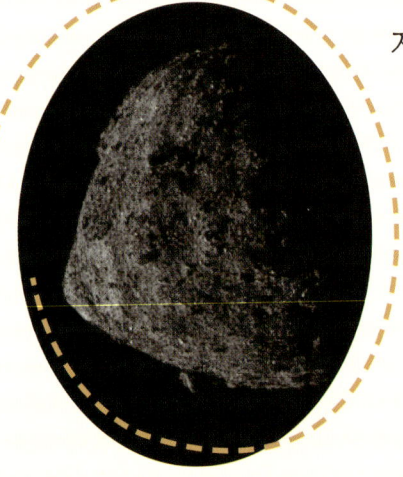
■ 가까이서 찍은 소행성 베누의
모습. (사진 : 나사)

지구에 생명체가 맨 처음 어떻게 탄생했는지 궁금하지 않아? 일부 과학자는 오래전에 소행성이 지구에 충돌하면서 생명을 이루는 물질을 옮겼다고 추측하지. 그런데 미국의 소행성 탐사선인 '오시리스 렉스'가 베누에서 가져온 암석에서 물과 탄소 성분이 나왔다는 거야. 그러니 과학자들이 얼마나 기쁘겠어.

■ 베누의 표면에 접근 중인 오시리스 렉스를 상상한 그림. (사진 : 나사)

시간을 거슬러 올라가 보자고. 오시리스 렉스는 미국의 나사에서 2016년 9월에 발사한 소행성 탐사선이야. 소행성은 말 그대로 작은 행성이지. 지름이 훌라후프쯤 되는 것부터 200킬로미터까지 무지 많아. 이들 소행성은 주로 화성과 목성 사이에 자리를 잡고 띠를 이룬 채 태양의 주위를 돌고 있어.

베누는 지름이 492미터쯤 되는 다이아몬드 모양의 소행성이야. 지구에서 3억 2100만 킬로미터쯤 떨어진 곳에서 태양을 돌고 있지. 베누의 나이는 약 45억 살쯤 된 것으로 보고 있어. 지구와 비슷한 나이야. 그런데 베누는 2182년쯤에 지구에 충돌할 가능성이 있대(2700분의 1의 확률).

■ 소행성 베누 탐사선을 실은 로켓이 2016년 9월 8일(현지 시각) 발사되는 모습. (사진 : 나사)

오시리스 렉스는 2년 3개월 동안 날아서 2018년 12월에 소행성 베누에 아주 가깝게 도착했어. 그리고 베누의 둘레를 느리게 돌면서 착륙 장소를 찾으려고 했지. 베누의 표면에 거친 바위가 많아 내려앉을 곳이 마땅치 않았기 때문이었어.

그러다 2020년 10월에 베누에 닿을 듯이 접근했어. 그다음 가스를 강력하게 내뿜어서 흙(토양)을 솟아오르게 한 뒤 로봇 팔로 빨아들여 캡슐에 담았어. 흙의 무게는 250~400그램쯤이래. 탐사선은 다시 지구로 출발해서, 2023년 9월 24일 미국에 흙을 무사히 배달했어. 나사는 분석 결과를 그해 10월 11일 발표했지. 생명체를 이루는 물질인 탄소와 물이 발견되었다고 말이야.

■ 오시리스 렉스 탐사선이 베누의 표면에 바짝 접근한 뒤 가스를 내뿜어 솟아오르게 하는 방식으로 흙을 얻었다. (사진 : 나사)

나사는 가져온 흙의 70퍼센트(100 가운데 70)는 미래 세대의 과학자를 위해 남겨 뒀어. 나머지는 2년간 세계의 과학자들과 공동으로 연구한다고 해. 소행성은 만들어질 때의 모습이 거의 변하지 않고 그대로 있어. 그래서 베누의 암석을 연구하면 태양계 탄생의 비밀도 풀 수 있거든.

지구를 방어하기 위함도 있지. 베누의 내부가 어떻게 생겼는지 알아야 지구 충돌에 대비해 궤도를 바꿔 비껴가게 할 수 있거든. 오시리스 렉스는 2029년에 소행성 '아포피스(지름 340~390미터)'와 만나기 위해 다시 새로운 여행을 떠났어.

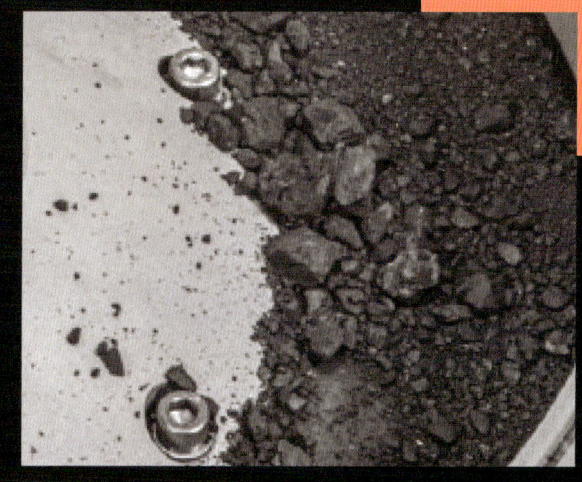

■ 오시리스 렉스 탐사선이 가져온 베누의 흙.

■ 아포피스를 상상한 그림. 2029년에 지구를 아주 가까이 스쳐 지나갈 가능성이 있다. (사진 : 나사)

베누 생명 탐사 장비 만들기

🌱 활동 목표

＊ 생명체의 재료(탄소, 물)가 우주에서 어떻게 지구로 왔을지 상상하고 설명한다.
＊ 소행성 베누를 알고, 탐사선 오시리스 렉스의 탐사 목적을 이해한다.
＊ 생명의 단서를 찾기 위한 나만의 우주 탐사 장비를 구성한다.
＊ 장비의 구조와 기능을 그림과 발표를 통해 설명한다.

🌱 수업 전 배경과 개념 설명

＊ **소행성 베누** 태양계 형성 초기의 원시 물질이 남은 소행성. 나이는 약 45억 살이다.
＊ **생명체 구성 물질** 탄소, 물, 유기 분자 등은 생명을 이루는 기본 성분.
＊ **오시리스 렉스** 2016년 NASA가 보낸 탐사선. 베누에서 흙을 채취해 2023년 지구로 가져왔다.
＊ **생명의 기원 가설** 생명의 재료가 소행성 충돌로 지구에 전달되었을 가능성을 연구함.
＊ **샘플 귀환** 외계 천체에서 채취한 물질을 지구로 가져와 정밀 분석하는 과정.

🌱 수업 활동

1) 문제 인식과 분석

도입 발문	생명의 재료가 우주에서 왔다는 말을 들어 본 적 있나요? / 오래된 소행성에서 무엇을 찾으면 생명의 흔적일까요? / 우리가 만든 장비로 그런 단서를 찾을 수 있을까요?
활동지 칸	여러분은 탐사 장비 설계자입니다. 소행성 베누에 보낼 장비를 만들고, 탄소나 물 같은 생명의 단서를 찾는 기능을 넣어 봅시다. 작동 방식과 쓰임새도 생각해 봅시다.

2) 기능 구성하기+시나리오 쓰기

• 베누에서 생명의 단서를 찾으려면 어떤 기능이 필요할까요? 기능 3~4개를 고르고, 내가 만든 기능 1개를 추가해 보세요. 각 기능을 고른 이유를 적고, 작동 과정을 짧은 시나리오로 이어 보세요.

항목	설명
탄소 감지기	탄소 원자나 탄소가 포함된 분자를 탐지해야 해요.
수분 센서	흡수된 물기, 얼음, 수소·산소 성분을 감지할 수 있어야 해요.
흙 수집 팔	먼지, 돌, 샘플을 모을 수 있는 로봇 팔이 있어야 해요.
보호 방패	충격이나 먼지에서 장비를 안전하게 보호해야 해요.
내가 만든 기능	생명 추적 필터 → 생명이 있었던 물질만 선별해서 통과시켜야 해요.
시나리오 예시	제 장비는 소행성 베누에 도착하면 보호 방패로 충격을 막고 안전하게 착륙해요. 흙 수집 팔이 표면의 먼지를 모으고, 탄소 감지기와 수분 센서가 생명과 관련된 성분을 탐지해요. 마지막에는 제가 만든 생명 추적 필터가 생명의 흔적이 있는 입자만 골라 분석해요.

3) 장비 설계도 그리기

• 내가 만든 생명 탐사 장비의 구조와 작동 원리를 그리고, 각 부분이 어떤 역할을 하는지 말풍선이나 문장으로 설명해 보세요. 기능이 어디에 있고, 어떻게 작동하는지 잘 나타내 보세요.

표현 예시	① 본체에 탄소 감지기 설치　② 옆면에 수분 센서 부착 ③ 앞쪽에 흙 수집 팔 연결　④ 안에 분석 캡슐 탑재 ⑤ 내가 만든 기능 추가(예 : 생명 추적 필터)　⑥ 기능마다 말풍선 붙이기(이 손은 흙을 모아요. / 이 센서는 물을 감지해요.)

4) 발표와 친구 질문 응답

발표 항목	예시 문장
장비 이름	제 장비는 '생명 탐사 1호'예요.
내가 고른 기능	탄소 감지기, 수분 센서, 흙 수집 팔, 보호 방패를 넣었어요.
내가 만든 기능	저는 '생명 추적 필터'를 만들었어요. 생명 흔적만 골라서 걸러 줘요.
시나리오 요약	베누에 착륙하면 방패가 충격을 막고, 수집 팔이 샘플을 모아요. 필터가 생명 흔적을 찾아 줘요.
친구 질문과 응답	너무 멀어 고장 나면 어떡하죠? → 보호 장치와 예비 배터리가 있어요.

🌱 교사용 지도 포인트

단계	유도 질문 예시
문제 인식	왜 소행성에서 생명의 흔적을 찾을까? / 생명의 재료는 어디서 왔을까?
기능 구성	어떤 기능이 제일 중요할까? / 왜 그 기능을 골랐을까?
내가 만든 기능	네 기능은 탐사 과정에서 어떤 장점이 있니? / 그 기능이 없으면 탐사에 어떤 제한이 생길까?
시나리오 구성	장비가 베누에서 하루를 어떻게 일할까? / 기능은 어떤 순서로 작동할까?
발표 유도	친구의 장비와 비교해 뭐가 달랐을까? / 어떤 기능이 더 특별했을까?

🌱 베누 생명 탐사 장비 만들기 STEAM 활동 평가 루브릭

평가 항목	평가 루브릭			
	5점(매우 우수)	4점(우수)	3점(보통)	2점 이하(미흡)
과학 개념 이해(탄소, 물, 소행성, 생명 탐사의 목적)	생명체 구성 성분과 소행성 탐사의 목적을 정확히 이해하고, 장비의 기능을 시나리오에 자연스럽게 반영함	개념이 대부분 장비의 기능 설명에 포함되고, 시나리오 안에 비교적 잘 나타남	과학 개념이 일부 표현되었지만 단편적이거나 연결이 약하며, 내용이 부족함	개념이 거의 드러나지 않거나, 기능과 따로 표현돼 의미 전달이 어려움
기능 구성과 흐름 완성도(기능 선택+내가 만든 기능+작동 순서+창의적 설계)	기능들이 탐사 목적과 연결되고, 만든 기능도 창의적이며 설계와 시나리오도 자연스럽고 표현이 좋음	선택한 기능 연결과 작동 순서가 자연스럽고, 만든 기능도 시나리오에 녹아 있음	선택한 기능은 있으나 연결성이 약하고, 만든 기능의 창의성과 기능 설명이 부족함	기능이 단순 나열되고, 내가 만든 기능이 없거나 창의성, 구성도 부족함
시각 표현과 설계도 완성도(장비 구조, 기능 위치, 색 구분, 말풍선)	장비 구조와 작동 순서가 그림에 잘 표현되어 있고, 말풍선·색·번호 등 시각 요소도 완성도 있게 구성됨	구성과 설명이 대부분 적절하게 연결되어 있고, 시각 요소도 비교적 잘 표현됨	그림 또는 설명이 부족하거나, 위치·기능 구분이 모호하고 표현이 불분명함	그림만 있고 설명이 거의 없거나, 구조와 작동 순서 표현도 없음
설명력과 발표 참여(시나리오 설명+친구 질문 응답)	발표가 시나리오의 흐름에 맞춰 잘 구성되어 있고, 설명도 명확하며 친구의 질문에도 정확하고 구체적으로 응답함	발표 전개가 비교적 자연스럽고, 설명도 충실하며 질문 응답도 적절히 이루어짐	발표 내용이 짧거나 전개 과정이 미흡하고, 친구의 질문에 대한 답변도 부족함	발표 전개가 단편적이고, 친구의 질문에 대한 응답도 동문서답함
참여 태도와 협력성(활동 집중도+친구와의 협력)	활동에 몰입해 장비를 성실히 완성하고, 친구와의 피드백과 협력도 원활하게 이루어짐	대부분의 시간에 성실히 참여하고 협력적으로 활동함	활동엔 참여했지만 설계 과정의 집중이 약하고 소통이 소극적임	활동 참여가 수동적이며, 협력·소통 흔적이 거의 없음

※총점 기준 해석표(총 25점)
★23~25점 : 매우 우수 ★19~22점 : 우수 ★15~18점 : 보통 ★10~14점 : 미흡 ★1~9점 : 매우 미흡

주인공 **지오몽**은 '지구(Geo)의 꿈'이란 뜻입니다.

동물은 왜 제각기 모습이 다를까

1 나는 물에서 살아요.

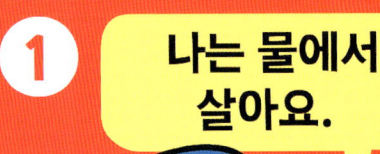

2 나는 물과 육지에서도 살 수 있어요.

3 나는 육지에서 살 수 있어요.

4 나는 새끼를 잘 돌봐요.

지구에 생명체가 처음 나타난 건 약 38억 년 전 바닷속이었어. 해파리처럼 흐물흐물하거나, 조개와 달팽이처럼 말랑한 몸을 껍데기로 보호하는 연체동물이 많았어. 뼈나 다리는 없었지만, 시간이 지나며 눈, 입, 지느러미 같은 기관이 생겼지. 게나 새우의 조상 동물처럼 몸 바깥을 싸는 딱딱한 외골격도 생겼어. 물속 동물은 땅 위로 올라오기도 했어.

오랜 시간 환경에 적응하며 오늘날까지 150만 종이 넘는 동물이 지구 곳곳에 퍼졌지. 최근에는 인간 활동으로 동물이 산업화(1850~1900) 이전보다 35배나 빨리 줄고 있대. 동물이 어떻게 다양해졌는지 알면 어떻게 지킬지도 알 수 있어.

이런 뜻이에요

연체동물 몸이 부드럽고 뼈가 없으며, 일부는 껍데기로 몸을 보호하는 동물. 조개, 달팽이, 문어 등을 말한다.
외골격 몸 바깥을 단단하게 둘러싸는 골격. 몸을 보호하고 형태를 유지해 주는데, 곤충, 게, 새우 등이 외골격을 가진다.
산업화 기계와 공장을 이용해 대량으로 물건을 만들고, 농업 중심에서 공업 중심으로 바뀌는 과정.

동물의 생김새는 대부분 부모에게서 물려받은 유전자(DNA)로 정해져. 그러나 세대가 계속 바뀌면서 조금씩 달라지는 부분이 생기지. 이러한 작은 변화가 쌓이면 새로운 모습이 나타나. 이걸 진화라고 해. 목이 좀 더 긴 기린은 높은 나무에 달린 나뭇잎을 쉽게 먹을 수 있어서 더 잘 살아남았지. 그래서 그 특징이 자손에게 유전되면서 목이 점점 길어진 거야.

살아남기에 불리한 특징을 가진 동물은 점점 더 사라졌지. 이처럼 생존에 유리한 특징을 가진 동물이 더 많이 살아남으면서 다양한 모습으로 진화한 거야. 지금 동물이 제각기 다르게 생긴 까닭은 유전과 진화 덕분이야.

이런 뜻이에요

유전자 머리카락 색, 키, 얼굴 등의 생김새나 성격을 어떻게 만들지 새겨진 몸속 설계도. 자식에게도 전달된다.
세대 부모와 자식처럼 태어난 시기가 다른 사람이나 동물의 무리. 시간이 지나면 한 세대가 자라고 다음 세대가 태어난다.

동물은 사는 환경에 적응하느라 생김새가 달라져. 북극곰의 털이 두껍고 흰 이유는, 추위를 막고 눈과 얼음이 많은 환경에서 잘 숨을 수 있도록 바뀐 거야. 사막여우는 큰 귀를 통해 체온을 식혀. 낙타는 등에 혹이 달려 있어 지방을 저장하고, 그걸 에너지와 물처럼 쓰지. 바다의 돌고래는 지느러미와 매끄러운 피부 덕에 물속을 빠르게 헤엄칠 수 있어.

먹이에 따라서도 몸이 달라졌어. 사자는 날카로운 이빨과 발톱으로 사냥하고, 코끼리는 긴 코로 높은 나무에 달린 나뭇잎을 휘감아 뜯어 먹지. 동물은 더위나 추위, 물과 먹이 등 환경 조건에 맞도록 몸을 바꾸며 적응한 거야.

1 몸을 둥글게 말아요!

2 나는 색을 바꿔 숨어요~

    동물의 생김새는 자신을 지키고 자손을 남기기 위한 전략의 결과이기도 해. 고슴도치는 몸을 둥글게 말아서 가시로 보호하지. 카멜레온은 피부 색깔을 바꿔서 숨을 수 있어. 나뭇잎벌레는 진짜 나뭇잎처럼 생겨서 천적에게 잘 들키지 않아.

    짝짓기를 잘하기 위해 생김새가 달라진 동물도 있어. 수컷 공작은 암컷의 관심을 끌기 위해 깃털이 점점 화려하게 바뀌고, 수사슴은 다른 수컷과 경쟁하려다 뿔이 커지게 되었지. 어떤 동물은 알을 많이 낳아 자손 수를 늘리거나, 새끼를 잘 돌봐서 생존율을 높이기도 해. 이처럼 동물의 생김새와 행동은 생존과 번식을 돕는 중요한 도구야.

이런 뜻이에요

번식 동물이 새끼를 낳아 자손을 퍼뜨리는 일.

활동

환경에 딱 맞는 동물 만들기

🌱 활동 목표

* 동물의 생김새가 환경에 적응하며 다양해졌다는 과학적 원리를 이해한다.
* 특정한 환경에 알맞은 눈, 귀, 발, 꼬리, 색깔 등 기관의 기능을 판단해 본다.
* 나만의 동물을 설계하여 생김새를 그림으로 표현하고, 말풍선으로 기능을 설명한다.
* 친구들과 만든 동물을 비교하며 생김새와 환경의 관계를 설명하고 이야기를 나눈다.

🌱 수업 전 배경과 개념 설명

* **유전자** 머리카락 색, 키, 얼굴처럼 생김새를 정해 주는 설계도. 부모에게서 자식에게 전달된다.
* **세대** 부모, 자식, 손주처럼 태어난 시기가 다른 무리. 시간이 지나며 생김새가 조금씩 바뀐다.
* **생존 전략** 살아남기 위해 발달한 생김새(고슴도치의 가시, 북극곰의 흰 털 등).
* **번식 전략** 짝을 만나고 새끼를 낳기 위해 달라진 생김새(공작 수컷의 깃털, 사슴의 뿔 등).
* **환경 적응** 추위, 더위, 물, 먹이, 천적 같은 환경 조건에 맞춰 몸이 바뀌는 것.

🌱 수업 활동

1) 문제 인식과 분석

도입 발문	왜 동물은 제각기 다르게 생겼을까? / 어떤 환경에서는 어떤 생김새가 도움이 될까? / 가장 먼저 갖춰야 할 생김새는 무엇일까?
활동지 칸	여러분은 환경 적응 동물 디자이너입니다. 추운 곳, 더운 곳, 건조한 곳 등 다양한 환경에 딱 맞게 살아가는 동물의 생김새와 기능을 3가지 이상 적어 보세요.

2) 생김새 기능 구성하기+시나리오 쓰기

• 여러분은 환경에 딱 맞는 동물을 만든 설계자입니다. 동물의 이름과 사는 곳을 정하고, 기능 3~4개와 내가 만든 기능 1개를 써 보세요. 그 동물이 어떻게 살아가는지도 짧게 적어 보세요.

항목	설명
큰 귀	더운 곳에서 열을 식히는 데 도움이 돼요.
위장색 털	주변 환경과 비슷한 색으로 적에게 잘 들키지 않게 해요.
넓은 발바닥	모래나 눈 위를 잘 걷게 해 주어 빠르게 이동할 수 있어요.
단단한 털	햇빛이나 모래바람을 막아 주고 체온도 지켜 줘요.
내가 만든 기능	초음파 귀털 센서 → 작은 진동을 감지해서 포식자가 오면 빨리 피할 수 있어요.
시나리오 예시	이 동물은 더운 사막에 살아요. 큰 귀로 열을 식히고, 위장색 털로 모래에 섞여 숨을 수 있어요. 넓은 발바닥으로 모래 위를 빠르게 달리고, 귀털 센서로 멀리서 오는 적도 미리 알 수 있어요. 그래서 뜨겁고 위험한 사막에서도 안전하게 잘 살아요.

3) 동물 설계도 그리기

• 내가 만든 동물의 생김새와 구조를 그리고, 귀, 눈, 발바닥 등 기관이 어떤 기능을 하는지 말풍선이나 문장으로 설명해 보세요. 주변 환경과 어울리는 모습도 함께 표현해 보세요.

표현 예시	① 귀 – 크고 얇음(체온 조절)	② 눈 – 위로 올라가 있음(먼저 살피기)
	③ 꼬리 – 단단하고 납작함(균형 유지)	④ 색 – 회갈색(배경 위장)

4) 발표와 친구 질문 응답

발표 항목	예시 문장
동물 이름	제 동물 이름은 '위장귀여우'예요.
내가 고른 기능	큰 귀, 위장색 털, 단단한 꼬리, 넓은 발바닥을 골랐어요.
내가 만든 기능	저는 포식자가 오면 빨리 도망하려고 '초음파 귀털 센서'를 만들었어요.
시나리오 요약	이 동물은 사막에서 귀로 열을 식히고, 숨기 쉬운 색으로 몸을 보호해요.
친구 질문과 응답	이 동물은 밤에도 사냥할 수 있나요? → 네, 귀가 예민해서 어두워도 소리를 듣고 움직여요.

🌱 교사용 지도 포인트

단계	유도 질문 예시
문제 인식	어떤 동물의 생김새가 인상 깊었니? / 그 동물은 어떤 환경에서 살아?
기능 구성	이 기능들은 어떤 문제를 해결해 주니? / 기능끼리 연결되면 더 잘 작동할까?
내가 만든 기능	네가 만든 기능은 어떤 문제를 해결하니? / 어떤 상황에서 특히 잘 작동할까?
시나리오 구성	네 동물은 하루 동안 어떻게 살까? / 어떤 상황에서 이 기능들이 작동할까?
발표 유도	네 동물이 가장 잘 살 수 있는 환경은 어디일까? / 친구 동물과 뭐가 다를까?

🌱 환경에 딱 맞는 동물 만들기 STEAM 활동 평가 루브릭

평가 항목	평가 루브릭			
	5점(매우 우수)	4점(우수)	3점(보통)	2점 이하(미흡)
과학 개념 이해(생김새, 환경, 기능, 생존)	생김새와 환경의 관계를 잘 이해하고, 그 개념이 동물 설계에 구체적으로 반영되어 있음. 생존 전략과 적응 개념도 드러남	개념이 3가지 이상 드러나며, 생김새와 환경 적응 설명이 잘 연결됨. 응용도 보임	개념은 드러나지만 설명이 짧거나 연결이 약해서 이해하기 어렵고, 반복되는 내용이 있음	과학 개념이 거의 없거나 오해가 있고, 설명이 단순하거나 불분명함
기능 구성과 흐름 완성도(기능 구성+내가 만든 기능+환경과 기능 연결+ 창의적 설계)	선택한 기관이 환경에 잘 맞고, 이유도 창의적으로 설명됨. 내가 만든 기능도 포함되며, 기능과 환경이 잘 연결됨	기능 선택과 설명이 논리적이고, 환경 연결도 자연스러움. 내가 만든 기능과 예시도 포함됨	기관과 기능 설명이 일부 부족하거나, 표현이 단순하고 예시나 논리 연결이 약함	이유가 없거나 기능이 환경과 연결되지 않고, 내가 만든 기능도 빠져 있음
시각 표현과 설계도 완성도(구조 표현, 기능 위치, 기능 연결 흐름, 표현 방식)	생김새의 위치, 기능, 색, 배경이 조화를 이루고 시각적 완성도가 높으며, 설명도 잘 연결됨. 시각 정보만으로 이해 쉬움	대부분의 그림이 잘 그려지고, 기능 설명도 포함됨. 말풍선이 기능을 잘 전달함	그림과 구조는 보이지만 설명이 부족하거나 흐름이 단조로움. 시각 정보도 부족함	표현이 부족하고 주요 부위가 빠져 있으며, 설명이 없이 그림만 있음
설명력과 발표 참여(시나리오 설명+친구 질문 응답)	동물에 대한 설명이 조리 있고 자연스럽게 이어지며, 친구 질문에도 생각을 담아 잘 대답함. 발표 흐름도 안정적임	발표 내용이 충실하고 설명도 또렷해 이해하기 쉬움. 질문도 대부분 잘 응답함	발표는 있었지만 설명이 짧고 질문에 대한 응답도 부족함. 흐름도 매끄럽지 않음	발표가 짧고 핵심 내용이 부족하며, 친구와의 질문 응답도 거의 없음
참여 태도와 협력성(활동 집중도+친구와의 협력)	활동 시간에 집중해 동물 설계를 마치고, 친구 발표를 잘 듣고 질문과 피드백에도 적극 참여	활동에 대부분 참여했고, 친구와 소통도 원활했으며 질문과 응답도 함	활동엔 참여했지만 소통과 발표가 소극적이고, 질문도 거의 없음	활동이 수동적이고 협력이 거의 없으며, 작업도 미완성임

※총점 기준 해석표(총 25점)
★23~25점 : 매우 우수 ★19~22점 : 우수 ★15~18점 : 보통 ★10~14점 : 미흡 ★1~9점 : 매우 미흡

활동 지침서

(01~15)

📖 활동 개요

지구의 내부 구조를 탐구하는 과학(S), 탐사 로봇 장치를 설계하는 기술(T), 다양한 기능 부품을 조립하는 공학(E), 탐사 과정을 시각적으로 구체화하는 예술(A), 층별 조건과 탐사 효과를 종합 분석하는 수학(M)이 융합된 STEAM 활동입니다.

📖 활동 준비물

주제별 준비물(교사 준비)은 지구 구조와 층별 환경을 이해하는 자료이며, 창의 재료는 이를 바탕으로 지구 단면과 로봇 기능을 층별로 시각적으로 표현합니다.

구분	준비물
기본 준비물	연필, 지우개, 자, 가위, 커터 칼, 딱풀(쓰기·지우기·선 긋기·자르기·붙이기), 색연필(설계도 색칠), 사인펜(기능 강조)
공통 준비물	A4 용지(시나리오와 완성된 아이디어 작성), A4 활동지(선택한 기능 설명과 설계도 작성), 색종이(층별 특징과 버튼), 포스트잇(기능 설명), 마스킹 테이프(구조물 임시 고정), 양면 테이프(소형 부품 부착), 스티커·라벨지(기능 이름표·꾸미기), 지퍼백(재료 보관)
주제별 준비물 (활동 전 학습)	지오몽 교재, 지구 구조 학습 참고 자료 또는 영상(지각~내핵 층별 특징 이해), 로봇 센서 기능 영상
창의 재료	종이 상자(지구 단면 외형 틀), 골판지(층별 구획과 벽체), 셀로판지(외핵 시각화), 은박지(고온과 방열 기능), 우드락(로봇 몸통과 기능 부착), 클레이(내핵과 탐사 기능 부품), 클립(짧은 관절과 집게), 철사(절단 팔, 팔꿈치, 안테나 등 표현), 전선(회로나 장치 연결선), LED 티라이트(기능 작동 표현), 건전지와 홀더(전원 공급)

※ 준비물은 활동지 구성에 맞게 조정 가능합니다. 기본 준비물은 학생이 늘 사용하는 학습 도구이고, 공통 준비물은 수업 전 과정에서 공통으로 필요한 자료입니다.

📖 세부 활동 지침

지구 내부 구조와 탐사 방법을 탐구하고, 탐사 로봇의 기능과 지구 단면을 반입체 모형과 시각 자료로 표현하는 활동입니다.

1) **상황 이해하기** : 지구의 내부 구조와 각 층의 특징을 학습 자료와 영상을 통해 살펴보고, 탐사 로봇에 어떤 기능이 있어야 할지 생각합니다.
2) **로봇 기능 선택하기** : 절단 팔 등 기본 기능 가운데 3~4개를 고르고, 자신만의 기능도 추가하며 각각의 필요성을 정리합니다.
3) **시나리오 쓰기** : 탐사 로봇이 지각부터 내핵까지 이동하면서 각 층에서 어떤 기능을 발휘하는지 기록합니다.
4) **설계도 그리기** : 지구의 단면 구조를 그리고, 로봇의 기능 위치를 색종이와 라벨지로 표시하며, 전선이나 철사가 연결되는 위치도 나타냅니다.
5) **반입체 구조물 만들기** : 종이 상자로 지구 단면을 만들고, 골판지로 층을 구획해서 벽체를 세웁니다. 색종이로 층별 특징을 표시하고 셀로판지를 외핵에 붙여 액체 금속층을 시각화합니다. 은박지를 맨틀 부분에 덧붙여 고온 환경을 표현합니다. 내핵에는 클레이로 금속층을 만들고, 로봇의 탐사 부품도 제작합니다. 로봇 몸체는 우드락 조각으로 만들며, 클립을 꽂아 절단 팔이나 기계 관절을 표현합니다. 철사는 팔이나 안테나처럼 뻗어나가게 하고 전선은 회로나 장치 연결선처럼 고정합니다. LED 티라이트를 내핵에 배치해 작동 느낌을 주며, 건전지와 홀더는 전원 공급 장치로 씁니다. 양면 테이프와 마스킹 테이프로 부품을 고정하고, 스티커와 라벨지로 기능 이름표를 붙입니다. 색연필과 사인펜으로 층 구분선과 강조 표시를 합니다.
6) **보완하기** : 잘 고정되지 않은 부분을 마스킹 테이프와 양면 테이프로 보완하고, 부족한 표현을 추가합니다.
7) **마무리하기** : 완성된 로봇을 발표한 뒤 탐사 과정을 시각 자료와 함께 공유합니다.

02·지진 대피 시뮬레이션 키트 만들기 **활동 해설지**

📖 활동 개요

지진 상황의 대피 기능을 탐구하는 과학(S), 대피 장치를 구체적으로 설계하는 기술(T), 구조물을 실제로 조립하는 공학(E), 기능과 경로를 시각적으로 표현하는 예술(A), 조건과 효과를 비교·계산하는 수학(M)이 유기적으로 융합된 STEAM 활동입니다.

📖 활동 준비물

주제별 준비물(교사 준비)은 지진 상황과 대피 요령을 이해하는 자료이며, 창의 재료는 이를 바탕으로 대피 키트의 구조와 주요 기능을 시각적으로 표현합니다.

구분	준비물
기본 준비물	연필, 지우개, 자, 가위, 커터 칼, 딱풀(쓰기·지우기·선 긋기·자르기·붙이기), 색연필(설계도 색칠), 사인펜(기능 강조)
공통 준비물	A4 용지(시나리오와 완성된 아이디어 작성), A4 활동지(선택한 기능 설명과 설계도 작성), 색종이(버튼, 기능 위치, 경로 라벨), 포스트잇(기능 설명 메모), 마스킹 테이프(구조물 임시 고정), 스티커·라벨지(기능 이름 표·꾸미기), 지퍼백(재료 보관)
주제별 준비물 (활동 전 학습)	지오몽 교재, 지진 발생 원인과 대피 영상(경보 시스템, 대피소 구조 등 이해), 대피 행동 요령 포스터
창의 재료	A3 배경지(운동장과 공터 등 대피 장소 배경), 종이 상자(건물 외형), 골판지(내부 구조물과 벽, 문), 클립(경첩과 손잡이), 고무줄(문이 닫히는 탄성 장치), 양면 스티커(전기·가스 차단 버튼), 폼 스티커(스위치 등 조작부), 색 테이프(대피로 바닥 표시), 야광 스티커(정전 시 통로 표시), 종이 캐릭터(대피하는 인물), 글루건(부품 접합)

※ 준비물은 활동지 구성에 맞게 조정 가능합니다. 기본 준비물은 학생이 늘 사용하는 학습 도구이고, 공통 준비물은 수업 전 과정에서 공통으로 필요한 자료입니다.

📖 세부 활동 지침

지진과 같은 재난 상황에서 대피 방법을 탐구하고, 대피 키트의 구조와 기능을 반입체 모형과 시각 자료로 표현하는 활동입니다.

1) **상황 이해하기** : 지진 발생의 원인과 대피 요령을 영상과 포스터로 살펴보며 위험 상황을 상상하고 대피 조건을 파악합니다.

2) **키트 기능 선택하기** : 전기 차단, 문 열기, 경로 이동 등 필요한 기능을 선택하고, 포스트잇에 아이디어를 정리합니다.

3) **시나리오 쓰기** : 인물 캐릭터가 지진 발생 후 어떤 순서로 행동하는지 시나리오를 작성하고, 각 기능의 작동 위치를 색종이로 표시합니다.

4) **설계도 그리기** : 키트의 전체 구조와 기능 위치를 A4 활동지에 정확히 나타냅니다.

5) **반입체 구조물 만들기** : 종이 상자로 건물 외형을 만들고, 골판지를 잘라 내부 칸막이와 문을 조립합니다. 문은 색종이로 제작하고, 클립을 경첩으로 쓰며, 고무줄을 이용해 자동으로 닫히게 구성합니다. 기능 구현을 위해 양면 스티커로 전기·가스 차단 버튼을, 폼 스티커로 불 끄기 스위치를 표현합니다. 색 테이프와 야광 스티커는 캐릭터의 이동 경로를 나타내는 데 사용하며, A3 배경지는 공터나 운동장 등 대피 장소의 배경으로 이용합니다. 기능이 잘 작동하지 않으면 마스킹 테이프 등을 활용해 구조를 보완합니다. 종이 캐릭터는 학생이 작성한 시나리오에 따라 대피 행동을 재현하는 데 쓰이며, 글루건은 구조물과 각 부품을 단단히 접합하는 데 사용됩니다. 마스킹 테이프는 임시 고정에 사용합니다.

6) **보완하기** : 완성된 키트를 클립보드 위에 고정하고, 스티커와 라벨지를 이용해 각 기능의 이름을 붙이고 꾸밉니다.

7) **마무리하기** : 완성한 대피 키트를 발표하고, 내가 만든 기능과 그 기능을 구현한 구조가 재난 상황에서 안전한 대피에 어떻게 도움이 되는지 설명합니다.

📖 활동 개요

화산의 구조와 분화 과정을 탐구하는 과학(S), 화산 경고 장치를 설계하는 기술(T), 경고 기능 부품을 조립하는 공학(E), 분화와 경고 과정을 시각적으로 표현하는 예술(A), 분화 징후와 경고 효과를 종합 분석하는 수학(M)이 융합된 STEAM 활동입니다.

📖 활동 준비물

주제별 준비물(교사 준비)은 화산 구조와 분화 징후를 이해하는 자료이며, 창의 재료는 이를 바탕으로 화산과 경고 장치 기능을 시각적으로 표현합니다.

구분	준비물
기본 준비물	연필, 지우개, 자, 가위, 커터 칼, 딱풀(쓰기·지우기·선 긋기·자르기·붙이기), 색연필(설계도 색칠), 사인펜(기능 강조)
공통 준비물	A4 용지(시나리오와 완성된 아이디어 작성), A4 활동지(선택한 기능 설명과 설계도 작성), 색종이(경고 기능과 위치 표시), 마스킹 테이프(부품 임시 고정), 양면 테이프(소형 부품 부착), 라벨지(기능 이름 꾸미기)
주제별 준비물 (활동 전 학습)	지오몽 교재, 화산 분화 그림(폭발 전 현상, 마그마의 위치 변화, 폭발 후 지형 변화 등 이해), 진동 감지 원리 그림(지진파 전달, 진동 감지 장치, 센서 작동 방식 이해)
창의 재료	폼보드(화산 골격과 경고 장치 본체), 클레이(화산 표면, 마그마 분출부, 센서 표면 꾸미기), 스펀지(충격 완화 장치), 파이프 클리너(기능 연결, 센서 표현), 철사(구조물 지지, 센서 고정), LED 티라이트(경고 장치 불빛), 셀로판지(연기와 불빛 색 변화), 색실(마그마 이동 방향과 센서 연결선), 미니 종(화산 폭발 경고음 장치)

※ 준비물은 활동지 구성에 맞게 조정 가능합니다. 기본 준비물은 학생이 늘 사용하는 학습 도구이고, 공통 준비물은 수업 전 과정에서 공통으로 필요한 자료입니다.

📖 세부 활동 지침

화산의 내부 구조와 분화의 징후를 탐구하고, 화산 경고 장치의 기능과 화산체 모형을 반입체 구조와 시각 자료로 표현하는 활동입니다.

1) **상황 이해하기** : 화산이 분화하기 전에 나타나는 현상을 공부하고, 화산 분화 그림, 진동 감지 원리 자료를 통해 화산의 구조와 분화 과정을 이해합니다.
2) **장치 기능 선택하기** : 지진 감지기 등의 기본 기능을 검토하고, 추가하고 싶은 기능을 구상합니다.
3) **시나리오 쓰기** : 마그마가 상승해서 진동과 열이 감지되고 경고 장치가 작동하는 상황과 대피 과정까지 구체적으로 씁니다.
4) **설계도 그리기** : 화산의 단면과 경고 장치의 위치를 그리고, 기능과 경고 문구를 표시합니다.
5) **반입체 구조물 만들기** : 폼보드를 이용해 화산의 골격과 내부 통로를 만들고, 경고 장치 본체의 틀도 세웁니다. 클레이로는 화산 표면을 덮어 울퉁불퉁한 지형과 마그마 분출부의 입체적인 모양을 강조합니다. 파이프 클리너는 기능 연결선으로 배치해 시각화하고, 철사는 구조물 지지대와 센서 고정 장치로 사용합니다. 색실을 화산 내부에 이어 붙여 마그마가 상승하는 방향을 나타냅니다. 스펀지를 내부에 넣어 지진 발생 시 충격이 흡수되고 완화되는 기능을 표현합니다. LED 티라이트는 경고등으로 설치하고, 셀로판지를 덧대어 불빛이 주황에서 빨강으로 변하며 분화 단계의 심각성을 드러내도록 합니다. 미니 종은 화산 폭발을 알리는 경고음 장치로 매답니다. 색종이와 경고 스티커를 활용해 각 기능의 이름을 표시하고 위험 구역을 강조합니다.
6) **보완하기** : LED 불빛이나 종이 잘 작동하는지 점검하고 부족한 부분을 클레이나 색종이로 보강합니다.
7) **마무리하기** : 완성된 화산 경고 장치를 전시하고, 각 기능이 어떻게 작동하는지 발표합니다.

04·나만의 최고봉 만들기 활동 해설지

📖 활동 개요

고산의 지형과 기후 변화를 탐구하는 과학(S), 최고봉 탐험 장치를 설계하는 기술(T), 탐험 기능 부품을 조립하는 공학(E), 등정 과정과 탐험 이야기를 시각적으로 표현하는 예술(A), 고도·기후·탐험 경로를 종합 분석하는 수학(M)이 융합된 STEAM 활동입니다.

📖 활동 준비물

주제별 준비물(교사 준비)은 고산 환경과 탐험 과정을 이해하는 자료이며, 창의 재료는 이를 바탕으로 최고봉과 탐험 기능을 시각적으로 표현합니다.

구분	준비물
기본 준비물	연필, 지우개, 자, 가위, 커터 칼, 딱풀(쓰기·지우기·선 긋기·자르기·붙이기), 색연필(설계도 색칠), 사인펜(기능 강조)
공통 준비물	A4 용지(시나리오와 완성된 아이디어 작성), A4 활동지(선택한 기능 설명과 설계도 작성), 색종이(탐험 경로, 구간 표시), 마스킹 테이프(등산로 임시 고정), 양면 테이프(소형 부품 부착), 라벨지(최고봉 이름, 기능 이름 꾸미기)
주제별 준비물 (활동 전 학습)	지오몽 교재, 세계 주요 산 정보 자료(히말라야, 안데스 등 고도와 특징), 고도별 기후 변화 요약 자료(기온, 산소 농도, 바람 세기 이해)
창의 재료	폼보드(산의 뼈대와 탐험 루트 본체), 클레이(산 표면과 빙하 표현), 면솜(눈·구름·안개 표현), 색실(등산로와 탐험 경계선), 미니 깃발(정상 장식과 탐험 성공 표시), 작은 막대(별빛 지팡이 표현), 뽁뽁이(빙하 질감과 얼음 지형), 투명 셀로판지(하늘·빛·날씨 변화 효과), LED 티라이트(정상 불빛·별빛), 투명 시트지(빙하·얼음 호수 표현)

※ 준비물은 활동지 구성에 맞게 조정 가능합니다. 기본 준비물은 학생이 늘 사용하는 학습 도구이고, 공통 준비물은 수업 전 과정에서 공통으로 필요한 자료입니다.

📖 세부 활동 지침

고산의 지형과 기후 변화를 탐구하고, 최고봉 탐험 장치의 기능과 산 모형을 반입체 구조와 시각 자료로 표현하는 활동입니다.

1) **상황 이해하기** : 세계의 다양한 산과 고산 환경을 살펴보고, 고도별 기후 변화와 산소 농도, 바람 세기를 탐구합니다.

2) **산의 조건 선택하기** : 학습자는 최고봉의 이름, 위치, 높이, 기후 조건을 정하고, 절벽·빙하·바람 언덕 등 특징과 특별 기능을 선택합니다.

3) **시나리오 쓰기** : 최고봉을 오르는 과정을 이야기로 쓰고, 도중에 겪는 어려움과 장치 활용, 정상 도달의 기쁨을 표현합니다.

4) **설계도 그리기** : 산의 단면을 그리고 탐험 경로와 기능을 표시합니다. 색연필·사인펜·색종이·라벨지를 활용해 기능과 구간을 나타냅니다.

5) **반입체 구조물 만들기** : 폼보드로 산의 뼈대를 세우고 골격을 만듭니다. 클레이로 표면을 덮어 산의 능선과 절벽, 빙하를 표현합니다. 면솜을 붙여 정상의 눈, 능선의 구름, 골짜기의 안개를 나타냅니다. 색실로 등산로와 탐험 경계선을 표시합니다. 미니 깃발을 정상에 꽂아 탐험 성공을 표현하고, 작은 막대로 별빛 지팡이를 만듭니다. 뽁뽁이를 잘라 빙하와 얼음 지형을 입체적으로 만들고, 투명 셀로판지를 덧대어 하늘과 날씨 변화를 표현합니다. LED 티라이트를 정상에 설치해서 불빛과 별빛 신호를 연출하고, 투명 시트지로는 얼음 호수와 빙하의 반짝임을 나타냅니다. 마스킹 테이프와 양면 테이프로 부품을 고정하고, 라벨지와 색종이는 기능 이름과 구간 표시를 보완합니다.

6) **보완하기** : 불안정한 부분은 보강하며, LED 불빛·깃발·지팡이 위치를 확인합니다.

7) **마무리하기** : 완성된 최고봉 모형을 전시하고 탐험 시나리오를 발표합니다. 각 기능이 어떻게 작동하는지 설명하며, 활동을 통해 느낀 점을 공유합니다.

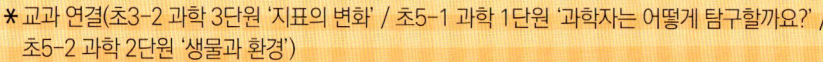

📖 활동 개요

심해 환경과 압력 조건을 탐구하는 과학(S), 잠수정 기능을 구상하는 기술(T), 입체 구조를 설계·제작하는 공학(E), 특징을 창의적으로 표현하는 예술(A), 잠수정의 이동 경로 설정과 단계별 작동 과정을 분석하는 수학(M)이 융합된 STEAM 활동입니다.

📖 활동 준비물

주제별 준비물(교사 준비)은 심해 환경과 잠수정의 구조를 이해하는 데 필요한 자료이고, 창의 재료는 잠수정의 기능과 장치를 입체적으로 꾸며 표현합니다.

구분	준비물
기본 준비물	연필, 지우개, 자, 가위, 커터 칼, 딱풀(쓰기·지우기·선 긋기·자르기·붙이기), 색연필(작은 그림·글씨 색칠), 사인펜(핵심 내용 강조)
공통 준비물	A4 용지(시나리오와 완성된 아이디어 정리), A4 활동지(선택한 잠수정의 모양과 기능을 설명하고 설계도 그리기), 포스트잇(아이디어 메모), 라벨지(이름과 기능 표시), 마스킹 테이프(잠수정 부품 임시 고정, 전원·장치 등 기능 연결선, 구역 구분), 양면 테이프(부재료 연결), 클립보드(도면 고정), 지퍼백(재료 보관)
주제별 준비물 (활동 전 학습)	지오몽 교재, 심해 지형과 생물 사진, 잠수정 안팎이 드러난 그림, 물의 압력과 부력 원리 설명한 그림
창의 재료	하드보드지(모형 고정 바닥판), 우유팩 또는 페트병(본체 뼈대), 투명 반구형 뚜껑(잠망경 또는 돔 구조), 클레이(산소 장치, 로봇 팔, 센서, 탈출 버튼 등 부품 제작), 투명 필름(관찰창), 스펀지 조각(충격 완화 장치), LED 티라이트(잠수정 조명), 빨대(추진 장치·관절 연결), 색실(전선·케이블)

※ 준비물은 활동지 구성에 맞게 조정 가능합니다. 기본 준비물은 학생이 늘 사용하는 학습 도구이고, 공통 준비물은 수업 전 과정에서 공통으로 필요한 자료입니다.

📖 세부 활동 지침

심해의 환경과 잠수정의 구조·기능을 탐구하며, 선택한 기능을 반입체 모형과 시각 자료로 표현하는 활동입니다.

1) **상황 이해하기** : 심해 사진을 보며 깊은 바다에서 탐사하려면 어떤 잠수정이 필요할지 간단히 메모합니다.
2) **잠수정 기능 선택하기** : 포스트잇에 아이디어를 적고, A4 활동지에 정리합니다. 조명, 산소 장치, 추진 장치, 로봇 팔 등 필요한 기능을 색연필로 표시하고 라벨지를 붙입니다.
3) **시나리오 쓰기** : 잠수정의 탐사 임무를 짧게 기록하며, 임무 수행 과정에서 어떤 기능(조명, 로봇 팔, 산소 장치 등)을 어떻게 이용할지 서술합니다.
4) **설계도 그리기** : 잠수정의 전체 모습을 그리고, 관찰창과 로봇 팔, 추진 장치, 조명 등을 균형 있게 배치해 실제 작동 모습을 떠올리게 합니다.
5) **반입체 구조물 만들기** : 하드보드지를 바닥판으로 두고 우유팩이나 페트병을 본체의 뼈대로 세웁니다. 그 뒤 투명 반구형 뚜껑을 잠망경 돔으로 붙이고 투명 필름을 관찰창에 붙입니다. 클레이로 산소통과 로봇 팔, 센서, 탈출 버튼 등을 만들어 본체에 붙인 뒤, LED 티라이트를 조명 장치로 넣어 불빛 효과를 냅니다. 스펀지 조각은 충격 완화 장치로 이용합니다. 빨대를 추진 장치나 관절 연결 구조로 사용하며, 색실은 전선이나 케이블 본체와 기능을 이어 붙입니다. 마스킹 테이프는 부품 임시 고정에 쓰고 양면 테이프와 딱풀로 접착합니다. 고정이 약한 부분은 글루건으로 강화합니다. 완성된 본체를 하드보드지 위에 단단히 붙인 다음 각 장치의 기능이 잘 드러나도록 꾸밉니다. 라벨지로 잠수정의 이름과 기능을 표시하고 마무리합니다.
6) **보완하기** : 흔들리는 부품을 다시 붙이고, 색실이나 테이프를 추가해 연결을 정리합니다. 기능 표시가 잘 보이는지 확인합니다.
7) **마무리하기** : 완성된 모형을 발표하면서 잠수정의 기능과 구조를 설명한 뒤, 피드백을 받아 반영합니다.

📖 활동 개요

지구의 자전과 낮밤의 변화를 탐구하는 과학(S), 자전 증거 장치를 구상하는 기술(T), 지구 모형과 회전축을 설계·제작하는 공학(E), 지구 궤도와 별 궤적을 창의적으로 표현하는 예술(A), 자전 주기와 관측 변화를 분석하는 수학(M)이 융합된 STEAM 활동입니다.

📖 활동 준비물

주제별 준비물(교사 준비)은 지구의 자전과 낮밤의 변화, 별의 궤적을 이해하는 자료이며, 창의 재료는 지구의 모형과 궤도를 만들어 자전의 증거를 시각적으로 표현합니다.

구분	준비물
기본 준비물	연필, 지우개, 자, 가위, 커터 칼, 딱풀(쓰기·지우기·선 긋기·자르기·붙이기), 색연필(작은 그림·글씨 색칠), 사인펜(기능 강조)
공통 준비물	A4 용지(시나리오와 완성된 아이디어 정리), A4 활동지(자전 증거 정리와 설계도 그리기), 포스트잇(아이디어 메모), 라벨지(이름과 기능 표시), 마스킹 테이프(구역 구분, 회전 방향 표시), 양면 테이프(부재료 연결), 지퍼백(재료 보관)
주제별 준비물 (활동 전 학습)	지오몽 교재, 자전·공전 비교 그림, 낮밤 변화 사진(자전 영향 확인), 별자리·천체 궤적 사진(자전 증거 학습), 태양 고도 변화 자료(낮 길이와 계절 이해)
창의 재료	폼보드(모형 고정 바닥판과 받침대 고정), 스티로폼 공(지구·달·태양 모형), 클레이(지구 축 표시, 기능 장치 꾸미기), 나무젓가락·받대(회전축 제작), LED 티라이트(낮밤 차이), 투명 필름(지구 공전 궤도와 별 궤적 시각화), 미니 깃발(관측 지점 표시), 모래시계(시간 경과), 투명 플라스틱 컵(지구 그림자 표현)

※ 준비물은 활동지 구성에 맞게 조정 가능합니다. 기본 준비물은 학생이 늘 사용하는 학습 도구이고, 공통 준비물은 수업 전 과정에서 공통으로 필요한 자료입니다.

📖 세부 활동 지침

지구의 자전 원리와 그 증거를 탐구하며, 선택한 증거를 반입체 모형과 시각 자료로 표현하는 활동입니다.

1) 상황 이해하기 : 자전·공전 비교 그림, 낮밤 변화 사진 등 자료를 살펴보며 지구 자전으로 나타나는 낮밤 변화와 별의 이동을 이해합니다.
2) 자전 증거 선택하기 : 낮밤 변화 등 자전 증거를 골라 표현할 증거를 정한 뒤 포스트잇에 간단히 아이디어를 적습니다.
3) 시나리오 쓰기 : 태양 고도 변화와 낮길이 등 자전의 증거가 언제, 어떻게 나타나는지 글로 설명합니다
4) 설계도 그리기 : 지구, 회전축, 태양과 별 궤적을 간단히 배치하고 색연필과 사인펜으로 표시합니다.
5) 반입체 구조물 만들기 : 폼보드를 바닥판으로 준비해 지지대를 붙이고, 스티로폼 공으로 지구와 태양을 만듭니다. 클레이로 자전축을 표현하고 표면을 꾸밉니다. 나무젓가락을 받대에 끼워 회전축을 만들고, 이를 스티로폼 공의 중심에 꽂아 지구가 회전하도록 연결합니다. LED 티라이트에 셀로판지를 씌워 빛을 주황 또는 빨강으로 조절해 낮밤의 대비를 표현합니다. 투명 필름에는 공전 궤도와 별의 궤적을 그려 지구 주변에 고정합니다. 미니 깃발은 관측 지점을 표시합니다. 투명 플라스틱 컵으로 지구 모형을 덮어씌우면 빛에 따라 지구에 생기는 그림자가 보이고, 그 그림자를 통해 낮밤의 구분이 표현됩니다. 모래시계는 자전 주기의 시간 경과를 나타내며, 색연필과 사인펜으로 궤적과 기능을 강조합니다. 라벨지를 붙여 각 장치의 이름과 역할을 정리합니다.
6) 보완하기 : 완성된 구조물이 잘 작동하는지, 회전축의 움직임과 LED 불빛이 잘 드러나는지 확인하며 부족한 부분은 클레이나 색종이로 보강합니다.
7) 마무리하기 : 구조물을 전시하고 각자 만든 자전 증거 모형의 특징을 발표합니다.

📖 활동 개요

오로라의 원리를 탐구하는 과학(S), 시뮬레이터 장치를 구상하는 기술(T), 자기장 구조와 빛 효과를 설계·제작하는 공학(E), 오로라의 색과 움직임을 창의적으로 표현하는 예술(A), 발생 조건과 변화를 분석하는 수학(M)이 융합된 STEAM 활동입니다.

📖 활동 준비물

주제별 준비물(교사 준비)은 지구 자기장과 태양풍, 오로라 현상을 이해하는 자료이며, 창의 재료는 자기장 구조와 빛의 변화를 모형과 시각 자료로 표현합니다.

구분	준비물
기본 준비물	연필, 지우개, 자, 가위, 커터 칼, 딱풀(쓰기·지우기·선 긋기·자르기·붙이기), 색연필(작은 그림·글씨 색칠), 사인펜(기능 강조)
공통 준비물	A4 용지(시나리오와 완성된 아이디어 정리), A4 활동지(시뮬레이터의 기능 선택과 설계도 그리기), 포스트 잇(아이디어 메모), 라벨지(이름과 기능 표시), 마스킹 테이프(자기장 곡선 표시와 부품 고정), 양면 테이프(부재료 연결), 지퍼백(재료 보관)
주제별 준비물 (활동 전 학습)	지오몽 교재, 오로라 실제 관측 사진 또는 영상, 지구 자기장 이해를 돕는 그림, 태양풍과 오로라 사진(현상 참고)
창의 재료	투명 플라스틱 컵(자기장 돔과 내부 공간 확보), LED 티라이트(빛과 오로라 효과), 셀로판지(오로라 색 재현), 은박지(바닥이나 컵 안쪽에 붙여 넓은 면적의 빛 반사), 반짝이 테이프(자기장 곡선을 따라 붙여서 선과 곡선 강조), 파이프 클리너(자기장 곡선 표현), 투명 필름(빛의 경로와 움직임 표현), 폼보드(시뮬레이터 받침대, 충격 흡수), 글루건(부품 접합)

※ 준비물은 활동지 구성에 맞게 조정 가능합니다. 기본 준비물은 학생이 늘 사용하는 학습 도구이고, 공통 준비물은 수업 전 과정에서 공통으로 필요한 자료입니다.

📖 세부 활동 지침

오로라의 발생 원리와 특징을 탐구하며, 선택한 현상을 반입체 모형과 시각 자료로 표현하는 활동입니다(태양과의 관계를 빼고 오로라의 색과 움직만 구현).

1) **상황 이해하기** : 오로라의 발생 원리와 지구 자기장의 역할을 학습하고, 실제 사진·영상을 보며 주요 특징을 이해합니다.
2) **시뮬레이터 기능 선택하기** : 오로라의 색, 자기장의 곡선, 빛의 움직임 등 표현하고 싶은 기능을 활동지에 정리합니다.
3) **시나리오 쓰기** : 태양풍이 지구의 자기장과 만나 오로라가 생기는 과정을 짧게 기록합니다.
4) **설계도 그리기** : 투명 컵, LED, 셀로판지, 파이프 클리너 등 주요 재료의 위치와 기능을 간단히 도식화합니다.
5) **반입체 구조물 만들기** : 폼보드를 받침대로 두고 투명 플라스틱 컵을 세워 자기장 돔을 만듭니다. 컵 내부에 LED 티라이트를 넣어 광원을 만들고, 셀로판지를 겹쳐 씌워 색이 변화하는 효과를 줍니다. 컵의 안쪽과 바닥에는 은박지를 붙여 빛을 반사·확산시키고, 컵 외부에는 반짝이 테이프를 자기장 곡선을 따라 붙여 자기장의 선을 강조합니다. 파이프 클리너는 컵 둘레에 구부려 붙여 자기장 곡선을 입체적으로 나타내고, 투명 필름은 불빛 위에 덧대어 빛의 흐름을 표현합니다. 글루건과 양면 테이프로 부품을 고정하고, 흔들리는 부분은 마스킹 테이프로 보완합니다. 폼보드를 빈 공간에 끼워 넣어 구조를 안정시킵니다. 조립하고 나서 라벨지에 기능의 이름을 붙입니다. 불을 끈 상태에서 LED를 켜면 색과 곡선이 확산해서 실제 오로라 같은 효과가 나타납니다.
6) **보완하기** : 색이 탁하거나 곡선이 흐릿하면 셀로판지와 파이프 클리너의 위치를 조정하고, 컵과 LED의 고정 상태를 확인합니다.
7) **마무리하기** : 모형에 이름을 붙이고 전시한 뒤, 각 기능과 오로라의 원리를 간단히 설명합니다.

📖 활동 개요

전류와 자기장의 관계를 탐구하는 과학(S), 자기장 발생 장치를 구상하는 기술(T), 전자석의 구조와 회로를 설계·제작하는 공학(E), 장치의 형태와 기능을 창의적으로 표현하는 예술(A), 자기장의 세기와 범위를 분석하는 수학(M)이 융합된 STEAM 활동입니다.

📖 활동 준비물

주제별 준비물(교사 준비)은 전류와 자기장의 원리, 전자석의 작동 과정을 이해하는 자료이며, 창의 재료는 자기장의 구조와 전류 흐름을 모형과 시각 자료로 표현합니다.

구분	준비물
기본 준비물	연필, 지우개, 자, 가위, 커터 칼, 딱풀(쓰기·지우기·선 긋기·자르기·붙이기), 색연필(작은 그림·글씨 색칠), 사인펜(기능 강조)
공통 준비물	A4 용지(시나리오와 완성된 아이디어 정리), A4 활동지(선택한 기능 설명과 설계도 작성), 포스트잇(아이디어 메모), 라벨지(이름 등 표시), 마스킹 테이프(전선 고정과 회로 표시), 양면 테이프(부재료 연결), 지퍼백(재료 보관)
주제별 준비물 (활동 전 학습)	지오몽 교재, 지구 자기장 그림, 전류와 자기장 관계 그림, 전자석 실험 예시 사진
창의 재료	폼보드(받침대와 구조물 지지), 클레이(장치 꾸미기와 부품 고정 보조), 전선(코일 감기, 전류 흐름 만들기), 철심(전자석 중심체 역할), LED 티라이트(전류 흐름 표시), 건전지와 홀더(전류 공급 장치), 절연 테이프(전선 피복 고정), 전선 절단 도구(자르기와 피복 제거), 나침반(자기장 방향 확인), 자석(자기장 세기 비교), 쇳가루(자기장 모양 시각화), 작은 클립(전자석 흡착 실험), 전류계(전류 세기 측정), 눈금자(자기장 범위 확인)

※ 준비물은 활동지 구성에 맞게 조정 가능합니다. 기본 준비물은 학생이 늘 사용하는 학습 도구이고, 공통 준비물은 수업 전 과정에서 공통으로 필요한 자료입니다.

📖 세부 활동 지침

전류와 자기장의 원리와 특징을 탐구하며, 선택한 기능을 반입체 모형과 시각 자료로 구체화해서 표현하는 활동입니다.

1) **상황 이해하기** : 전류가 흐르면 자기장이 생기고, 전선을 감아 철심에 전류를 흘리면 전자석이 된다는 기본 원리를 간단히 학습합니다.

2) **장치의 기능 선택하기** : 클립 흡착, 나침반 방향 확인 등 자기장 장치에서 보고 싶은 기능을 고릅니다.

3) **시나리오 쓰기** : 선을 감고 전류를 흘리자, 나침반 바늘이 움직이며 자기장의 방향을 알 수 있었다는 식으로, 선택한 기능이 작동하는 과정을 글로 정리합니다.

4) **설계도 그리기** : 전선, 철심, 건전지, 전류계, 나침반의 위치를 표시하고, 고정과 연결에 쓸 테이프도 함께 표시합니다.

5) **반입체 구조물 만들기** : 폼보드를 받침대로 준비하고 철심을 세운 뒤 전선을 일정하게 감아 코일을 만듭니다. 전선 양쪽 끝을 건전지 홀더와 연결해 전류가 흐르도록 하고, 절연 테이프로 전선을 고정합니다. 전선 절단 도구로 피복을 벗겨 접촉 부위를 확보합니다. 전류계는 회로에 연결해 전류 세기를 확인하고, 나침반을 철심 옆에 두어 바늘의 움직임으로 자기장 방향을 관찰합니다. 작은 클립을 가까이 대어 전자석의 흡착 여부를 확인하고, 쇳가루를 흩뿌려 자기장 모양을 시각화합니다. 눈금자를 이용해 클립이나 나침반이 반응하는 최대 거리를 재어 범위를 확인합니다. 클레이는 작은 부품을 고정하거나 외형을 꾸미는 데 쓰고, 고무줄로 임시 결합을 보조합니다.

6) **보완하기** : 전선 연결이 느슨하면 절연 테이프로 보강하고, LED가 켜지지 않거나 전류계가 움직이지 않으면 건전지 연결 상태를 점검합니다.

7) **마무리하기** : 완성된 자기장 발생 장치를 전시하고, 학생들이 각자 구현한 기능을 설명합니다.

📖 활동 개요

물의 순환을 탐구하는 과학(S), 물방울의 이동 경로를 나누는 기술(T), 증발·응결·강수 과정을 설계해 지도에 표현하는 공학(E), 자연 요소를 색과 형태로 나타내는 예술(A), 각 단계의 양과 위치 변화를 분석하는 수학(M)이 융합된 STEAM 활동입니다.

📖 활동 준비물

주제별 준비물(교사 준비)은 물의 순환과 기후 변화의 원리를 이해하는 자료이며, 창의 재료는 물방울의 여정을 지도 구조와 시각 자료로 표현합니다.

구분	준비물
기본 준비물	연필, 지우개, 자, 가위, 커터 칼, 딱풀(쓰기·지우기·선 긋기·자르기·붙이기), 색연필(구름과 산 등 자연 색칠), 사인펜(물방울 이동 경로 강조)
공통 준비물	A4 용지(시나리오와 완성된 아이디어 작성), A4 활동지(선택한 기후 요소 설명과 설계도 그리기), 포스트잇(물방울이 하는 일 적기), 라벨지(장소 이름과 물방울 이름 적기), 양면 테이프(부재료 고정), 클립보드(지도 고정), 지퍼백(재료 보관)
주제별 준비물 (활동 전 학습)	지오몽 교재, 물의 순환 그림 자료(증발, 응결, 비 또는 눈이 되는 과정 이해), 기후 변화 사진 자료(눈이 줄고 비가 많아진 지역 사진), 지형 단면 그림(물방울이 바다에서 시작해 바다로 오는 과정 이해)
창의 재료	전지(지도 전체 배경), 색종이(산과 마을 오려 붙임), 스티커(햇빛, 구름 등 기후 요소 표현), 솜(구름·안개 입체화), 캐릭터 도안(물방울 주인공), 미니 깃발(물방울 이동 경로 표시), 클레이(기후 변화 장치 구조와 버튼, 산·계곡 입체화), 글루건(입체 재료 접합)

※ 준비물은 활동지 구성에 맞게 조정 가능합니다. 기본 준비물은 학생이 늘 사용하는 학습 도구이고, 공통 준비물은 수업 전 과정에서 공통으로 필요한 자료입니다.

📖 세부 활동 지침

물의 순환 원리와 특징을 탐구하면서, 물의 이동 경로를 반입체 지도와 시각 자료로 표현하는 활동입니다.

1) **상황 이해하기** : 물방울이 바다에서 증발해 하늘로 올라가 구름이 되고, 다시 비나 눈이 되어 산과 마을을 거쳐 바다로 돌아오는 여정을 이해합니다.
2) **기후 요소 선택하기** : 햇빛, 구름, 비, 눈, 안개 등 물방울의 이동에 영향을 주는 기후 요소를 고르고, 어디서 어떻게 나타나는지 구체적으로 생각합니다.
3) **시나리오 쓰기** : 물방울이 기후 변화를 겪으며 이동하는 과정에 대해 감정을 담아 서술하되, 각 단계에서 일어나는 일을 이야기로 구성합니다..
4) **설계도 그리기** : 바다, 산, 마을을 배치하고 물방울의 이동 경로를 선과 기호로 표시하며, 기후 요소가 작용하는 위치를 함께 나타냅니다.
5) **반입체 구조물 만들기** : 전지 위에 산과 바다 등 지형을 계획하고 색종이를 잘라 붙입니다. 산은 어두운색, 마을은 밝은색으로 겹쳐 입체감을 줍니다. 솜은 손으로 늘려 구름과 안개를 만들고, 각각 하늘과 산 아래에 배치합니다. 클레이로 기후 변화 장치를 만들고, 색을 나눠 기능별로 구분합니다. 물방울 캐릭터 도안을 오려서 주요 장소에 붙이고, 미니 깃발로 증발, 응결, 강수, 흐름 단계를 표시합니다. 사인펜으로 이동 경로를 표시하고, 라벨지에 지형 이름과 날씨 상태를 써서 붙입니다. 포스트잇에는 각 지점의 상황이나 물방울의 감정을 짧게 써 붙입니다. 클레이로 강줄기와 지형을 만들고, 양면 테이프와 글루건으로 전체 구조를 고정합니다.
6) **보완하기** : 이동 경로가 빠졌거나 설명이 부족한 부분은 보충하고, 빠뜨린 기후 요소는 스티커나 글로 추가합니다.
7) **마무리하기** : 여정 지도를 친구들과 공유하며, 물의 순환과 기후 변화 내용을 정리합니다.

 활동 개요

고도와 기온 관계를 탐구하는 과학(S), 고도 구간을 나누고 적용하는 기술(T), 기온 변화를 구조화해 차트를 설계·제작하는 공학(E), 기온 차이를 색과 형태로 시각화하는 예술(A), 고도에 따른 기온 하강률을 계산·분석하는 수학(M)이 융합된 STEAM 활동입니다.

활동 준비물

주제별 준비물(교사 준비)은 고도와 기온 변화의 원리를 이해하는 자료이며, 창의 재료는 고도에 따른 기온 변화를 차트 구조와 시각 자료로 표현합니다.

구분	준비물
기본 준비물	연필, 지우개, 자, 가위, 커터 칼, 딱풀(쓰기·지우기·선 긋기·자르기·붙이기), 색연필(고도 구간별로 색을 달리 칠해 기온 변화 표현), 사인펜(핵심 내용 강조)
공통 준비물	A4 용지(시나리오 작성과 완성된 아이디어 정리), A4 활동지(고도별 기온 변화 설명과 차트 설계도 그리기), 포스트잇(고도 구간별 특징 또는 설계 아이디어 메모), 라벨지(지점 이름, 고도 수치 등 표시), 양면 테이프(부재료 차트에 고정), 마스킹 테이프(선으로 고도 구간별 경계를 나눔), 지퍼백(재료 보관)
주제별 준비물 (활동 전 학습)	지오몽 교재, 고도 차이에 따른 기온 변화 영상, 대기권 구조 그림(층별 고도 구간과 기온 특성 시각화), 과학 교과서 자료(기온 하강 법칙과 관련 예시)
창의 재료	보드지(차트 전체 배경), 폼보드(고도별 구간을 수직으로 세우는 입체 판), 클레이(고도 차이를 입체적으로 표현), 미니 깃발(해당 지점에 꽂아 고도와 기온 정보 표시 : '킬리만자로 5895미터, 영하 5도'), 스티커(산·눈·태양 등 기후 요소 표현)

※ 준비물은 활동지 구성에 맞게 조정 가능합니다. 기본 준비물은 학생이 늘 사용하는 학습 도구이고, 공통 준비물은 수업 전 과정에서 공통으로 필요한 자료입니다.

세부 활동 지침

고도와 기온의 원리와 특징을 탐구하며, 설정한 구간을 반입체 차트와 시각 자료로 구체화해서 표현하는 활동입니다.

1) **상황 이해하기** : 고도에 따라 기온이 어떻게 달라지는지 영상과 교재, 그림 자료를 통해 개념을 이해합니다.
2) **고도 선택하기** : 제시된 실제 지형이나 상상 지점을 참고해서, 표현하고 싶은 고도 구간을 하나 이상 선택합니다.
3) **시나리오 쓰기** : 선택한 고도에서 어떤 일이 일어날 수 있을지 기온 변화와 연결하여 짧은 이야기로 구성합니다.
4) **설계도 그리기** : 활동지에 고도와 기온 값을 기준으로 차트 구성을 설계하며, 주요 정보를 강조합니다.
5) **반입체 구조물 만들기** : 폼보드를 세로로 세워 구조의 뼈대를 만들고, 보드지를 배경판으로 붙여 차트의 틀을 완성합니다. 색종이를 고도 구간 단위로 잘라 층별로 배치하고, 고도에 따라 색을 달리 칠해 기온 차이를 표현합니다. 마스킹 테이프는 각 고도 구간 사이에 가로로 붙여 경계를 나눕니다. 클레이로 에베레스트, 대류권 끝 등 특정 지점의 높이를 입체적으로 만듭니다. 미니 깃발에는 지점의 고도와 기온(킬리만자로 5895미터, 영하 5도)을 적어 꽂습니다. 라벨지에는 구간 명칭(성층권, 대류권)이나 수치를 표시합니다. 스티커로는 산, 구름, 눈, 태양 등 기후 요소를 표현하고, 포스트잇에는 구간 특징이나 아이디어를 메모해 붙입니다. 양면 테이프로 색종이, 스티커, 깃발 등을 고정합니다. 차트는 고도 순서대로 아래에서 위로 또는 왼쪽에서 오른쪽으로 조립합니다.
6) **보완하기** : 만든 차트를 살펴보며 정보가 빠진 부분은 없는지, 표현이 명확한지 확인하고 수정합니다.
7) **마무리하기** : 시나리오와 차트를 함께 발표하며, 고도에 따른 기온 변화와 창의적인 표현 내용을 공유합니다.

📖 활동 개요

온실가스와 기온 상승을 탐구하는 과학(S), 기후 자료를 수집·정리해 활용하는 기술(T), 온난화 차트와 모형을 제작하는 공학(E), 색채와 꾸미기로 효과를 표현하는 예술(A), 기체 농도와 기온 수치를 계산해 그래프로 나타내는 수학(M)이 융합된 STEAM 활동입니다.

📖 활동 준비물

주제별 준비물(교사 준비)은 온실가스 증가와 열 축적을 이해하는 학습 자료이며, 창의 재료는 지구 온난화 현상을 시각적·입체적으로 표현하고 꾸밉니다.

구분	준비물
기본 준비물	연필, 지우개, 자, 가위, 커터 칼, 딱풀(쓰기·지우기·선 긋기·자르기·붙이기), 색연필(그림 색칠), 사인펜(핵심 내용 강조)
공통 준비물	A4 용지(시나리오와 완성된 아이디어 작성), A4 활동지(선택한 기체 설명과 설계도 작성), 색종이(기체의 색·특성 표현), 말풍선(기체 대사 표현), 라벨지(기체 이름과 기능 표시), 스티커(꾸미기와 기체 특성 강조), 지퍼백(재료 보관)
주제별 준비물 (활동 전 학습)	지오몽 교재, 온실가스 역할 관련 영상, 기후 변화 시나리오 자료, 산불·폭염 등 기후 위기 사례 영상
창의 재료	EVA 폼보드(기체가 떠 있을 수 있는 바닥), 색도화지(기체 존재 공간 표현), 고무찰흙(보호막 기체의 겉모습), 투명 컵(기체 안에서 열이 반사되는 모습 보여 주는 구조), 스티로폼 구슬(기체 입자에서 열이 퍼지는 형태), 빨대(기체의 열 이동 통로), 나무젓가락(구조물 지지대), 반사 필름(열 반사 기체 표현), 클레이(기체 외부의 세부 형태 표현), 스마트폰(작동 효과), 글루건(부품 부착)

※ 준비물은 활동지 구성에 맞게 조정 가능합니다. 기본 준비물은 학생이 늘 사용하는 학습 도구이고, 공통 준비물은 수업 전 과정에서 공통으로 필요한 자료입니다.

📖 세부 활동 지침

기후 변화의 원인과 기체의 특징을 탐구하면서, 열과 기체의 이동 경로를 반입체 구조와 시각 자료로 표현하는 활동입니다.

1) 상황 이해하기 : 온실가스가 증가하면서 지구가 마치 땀을 흘리듯 과열되고 있음을 이해합니다.
2) 기체 선택하기 : 온실가스의 특성을 살펴본 후, 자신이 만들고 싶은 '지구 보호막 기체'를 정합니다.
3) 시나리오 쓰기 : 지구가 놓인 상황과 선택한 기체가 지구를 어떻게 도울지를 이야기 형식으로 씁니다.
4) 설계도 그리기 : 기체의 모습, 색, 구조, 기능 등을 그린 뒤, 열을 반사하는 위치, 이동 경로, 반응 구조 등을 설계합니다.
5) 반입체 구조물 만들기 : EVA 폼보드를 바탕으로 전체 구조를 구성합니다. 고무찰흙으로 자기가 선택하거나 만든 기체의 몸체를 빚고, 클레이를 이용해 외형을 다듬습니다. 투명 컵(대기권 내부 공간)을 이용해 기체 내부에서 열이 반사되는 구조를 만들고, 빨대를 잘라 열의 이동 통로를 표현합니다. 나무젓가락은 기체 구조를 지지하거나 연결하는 데 사용합니다. 반사 필름을 자른 뒤 기체의 핵심 부위에 부착해, 햇빛을 반사하는 기능을 시각화합니다. 스티로폼 구슬은 기체가 퍼져 나가는 입자의 모습을 나타내는 데 사용합니다. 색도화지를 배경에 깔아 기체가 있는 공간을 표현하고, 색연필과 사인펜으로 기체의 기능과 반응을 글과 그림으로 표시합니다. 라벨지에는 기체의 이름과 역할을 쓰고, 말풍선으로 기체의 말을 표현합니다. 스티커를 붙여 효과를 강조하고, 글루건으로 구조물을 고정합니다. 완성된 구조물은 지퍼백에 넣어 정리합니다.
6) 보완하기 : 기체의 기능이 부족하거나 표현이 불분명한 부분을 점검하고, 색이나 구조를 조정해 보완합니다.
7) 마무리하기 : 자신의 보호막 기체를 발표하고, 다른 친구들과 비교하며 느낀 점을 정리합니다.

 활동 개요

빙하기의 환경 변화와 생존 방식을 탐구하는 과학(S), 단서와 유물을 정리해 활용하는 기술(T), 구석기 생활을 반입체 구조물로 재현하는 공학(E), 색과 질감으로 자연과 삶을 표현하는 예술(A), 생존 지역과 기후 요소를 분석하는 수학(M)이 융합된 STEAM 활동입니다.

활동 준비물

주제별 준비물(교사 준비)은 빙하기의 기후 변화와 생존 방식을 이해하는 자료이며, 창의 재료는 구석기 생활과 자연 환경을 반입체 구조와 시각 자료로 표현합니다.

구분	준비물
기본 준비물	연필, 지우개, 자, 가위, 커터 칼, 딱풀(쓰기·지우기·선 긋기·자르기·붙이기), 색연필(그림 색칠), 사인펜(핵심 내용 강조)
공통 준비물	A4 용지(시나리오와 완성된 아이디어 작성), A4 활동지(선택한 단서 설명과 설계도 작성), 색종이(빙하기 배경과 단서 꾸미기), 라벨지(단서 이름·설명), 지퍼백(재료 보관)
주제별 준비물 (활동 전 학습)	지오몽 교재, 빙하기 환경 영상 자료, 구석기 생존 사례 자료(사냥, 불, 주거, 옷 등), 빙하기 단서 관련 사진 자료(줄무늬 바위, 땅속 얼음층, 동굴 벽화 등)
창의 재료	EVA 폼보드(빙하기 전체 배경 바닥판), 색도화지(빙하와 자연환경 배경), 고무찰흙(큰 바위·동물 표현), 클레이(바위 줄무늬와 얼음 결 세부 묘사), 스티로폼 조각(눈·빙하 표현), 작은 돌멩이·모래(빙하가 밀고 남긴 바위 단서 표현), 나뭇가지(상록수 뼈대), 초록색 종이·털실(상록수 잎 표현), 스티커형 배경지(동굴 벽화 표현), 글루건(구조물 접착), 마스킹 테이프(임시 고정)

※ 준비물은 활동지 구성에 맞게 조정 가능합니다. 기본 준비물은 학생이 늘 사용하는 학습 도구이고, 공통 준비물은 수업 전 과정에서 공통으로 필요한 자료입니다.

세부 활동 지침

빙하기 환경 변화와 생존 단서를 탐구하면서, 구석기 생활과 자연환경을 반입체 구조와 시각 자료로 표현하는 활동입니다.

1) **상황 이해하기** : 빙하기에 들판과 산이 얼음으로 덮인 상황을 이해합니다. 구석기인들은 혹독한 추위 속에서 살아남아야 했습니다.
2) **단서 선택하기** : 큰 바위, 줄무늬 바위, 땅속 얼음층, 상록수, 동굴 벽화 등 빙하기 단서 가운데 원하는 단서들을 선택해 표현합니다.
3) **시나리오 쓰기** : 선택한 단서들에 어떤 의미가 담겼는지 이야기로 씁니다. 예를 들어 줄무늬 바위는 얼음이 지나간 방향을 알려 줍니다.
4) **설계도 그리기** : 활동지에 단서에 관련된 장면을 설계합니다. 구조물 배치와 필요한 재료를 그림으로 정리합니다.
5) **반입체 구조물 만들기** : EVA 폼보드를 바탕으로 색도화지를 붙여 들판과 산을 표현합니다. 고무찰흙으로 큰 바위나 구석기인을 빚고, 클레이로 줄무늬와 얼음 결을 섬세하게 표현합니다. 스티로폼 조각으로는 눈과 빙하를 나타내고, 작은 돌멩이와 모래를 더해 빙하가 남긴 흔적을 재현합니다. 나뭇가지는 상록수 뼈대로 사용하고, 초록색 색종이와 털실로 잎을 붙여 키 작은 나무를 완성합니다. 종이나 스티커형 배경지에는 동굴 벽화를 그리고, 사인펜과 색연필로 세부를 색칠합니다. 라벨지에는 단서 이름과 설명을 적고, 말풍선을 붙여 구석기인의 대사를 표현합니다. 마스킹 테이프로 임시 고정한 뒤 글루건으로 단단히 부착합니다. 활동지에는 과정과 단서 설명을 기록하고, 지퍼백에는 재료와 완성품을 보관합니다.
6) **보완하기** : 구조물이 흔들리면 글루건으로 보강하고, 색이나 장식이 부족하면 색종이와 스티커로 보완합니다.
7) **마무리하기** : 완성된 구조물과 시나리오를 발표하며 단서가 빙하기와 어떻게 연결되는지 설명합니다.

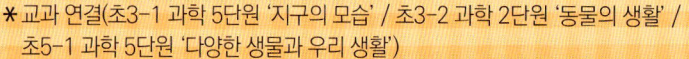

13·열수구 생물 카드 만들기 활동 해설지

📖 활동 개요

열수구의 환경과 생물의 생존 방식을 탐구하는 과학(S), 생물 구조와 재료 활용을 계획하는 기술(T), 적응 기능을 반입체로 구현하는 공학(E), 색과 질감으로 생물 특징을 표현하는 예술(A), 환경 요소를 분류하고 비교하는 수학(M)이 융합된 STEAM 활동입니다.

📖 활동 준비물

주제별 준비물(교사 준비)은 열수구 환경과 생물 적응을 이해하는 자료이며, 창의 재료는 열수구 생물의 기능과 환경을 반입체 구조와 시각 자료로 표현합니다.

구분	준비물
기본 준비물	연필, 지우개, 자, 가위, 커터 칼, 딱풀(쓰기·지우기·선 긋기·자르기·붙이기), 색연필(그림 색칠), 사인펜(핵심 내용 강조)
공통 준비물	A4 용지(시나리오와 완성된 아이디어 작성), A4 활동지(선택한 기능 설명과 설계도 작성), 색종이(열수구 주변이나 금속 바위 등 생물이 사는 곳 색으로 구분), 마스킹 테이프(구조물 임시 고정), 라벨지(생물 이름 표시), 스티커(꾸미기), 지퍼백(재료 보관)
주제별 준비물 (활동 전 학습)	지오몽 교재, 열수구 환경 영상, 열수구 생물 사진 자료(관벌레, 조개류 등 실제 사진)
창의 재료	검정 도화지(어두운 열수구 바닥판), 종이컵(열수구 기둥), 셀로판지(뜨거운 물기둥과 연기), 반짝이 점토(금속 침전물 붙은 바위), 폼클레이(열수구 생물 외형 만들기), 스펀지(젤리 몸 표현), 은박지(열 내성 껍질), 금속 색종이(금속 소화 기관), 빨대(황화 수소 호흡 기관), 파이프 클리너(감지 더듬이), 끈(길게 뻗은 감지 기관), 투명 비닐(열수구 생물의 투명 껍질 표현)

※ 준비물은 활동지 구성에 맞게 조정 가능합니다. 기본 준비물은 학생이 늘 사용하는 학습 도구이고, 공통 준비물은 수업 전 과정에서 공통으로 필요한 자료입니다.

📖 세부 활동 지침

열수구 환경과 생물의 생존 단서를 탐구하면서, 적응 구조와 서식 환경을 반입체 구조와 시각 자료로 표현하는 활동입니다.

1) 상황 이해하기 : 햇빛이 없고 물이 뜨거우며 유독 가스가 있는 심해의 환경에서도 생물이 산다는 사실을 이해합니다.
2) 기능 선택하기 : 젤리 몸, 황화 수소 호흡기, 금속 소화 기관 등 열수구 생물의 생존 기능 가운데 원하는 기능을 골라 어떤 역할을 하는지 생각합니다.
3) 시나리오 쓰기 : 선택한 기능을 중심으로 생물이 극한 환경에서 그 기능을 어떻게 써서 살아남는지 이야기로 씁니다.
4) 설계도 그리기 : 생물의 전체 모습과 기능의 위치를 그린 뒤, 필요한 재료도 표시합니다.
5) 반입체 구조물 만들기 : 검정 도화지를 배경 판으로 사용해 어두운 심해를 표현하고, 종이컵을 세워 열수구 기둥을 만듭니다. 셀로판지를 길게 잘라 뜨거운 물기둥과 연기를 나타냅니다. 반짝이 점토를 작게 뭉쳐 금속 침전물이 있는 바위를 만들고, 색종이를 활용해 생물이 사는 위치를 구분합니다. 이제 생물을 만듭니다. 폼클레이를 이용해 몸 전체 형태를 만들고, 스펀지를 적당한 크기로 잘라 젤리처럼 말랑한 몸을 표현합니다. 은박지를 몸체에 감싸 열을 막는 껍질을 나타내고, 금속 색종이를 배에 붙여 금속 소화 기관을 표현합니다. 호흡 기능을 선택했다면 빨대를 잘라 입 근처에 붙이고, 감지 기능을 선택했다면 파이프 클리너 또는 끈을 잘라 머리 위에 붙여 더듬이를 만듭니다. 생물의 이름을 라벨지에 적어 몸에 붙이고, 스티커를 이용하여 꾸밈 요소를 추가합니다.
6) 보완하기 : 구조물을 살펴보며 부족한 부분은 재료를 덧붙이거나 위치를 조정해 보완합니다.
7) 마무리하기 : 구조물을 친구들과 함께 비교하고, 열수구 생물의 생존 방식을 정리합니다.

✻ 교과 연결(초4-1 과학 1단원 '과학자처럼 탐구해 볼까요?' / 초5-1 과학 3단원 '태양계와 별' / 초5-2 과학 2단원 '생물과 환경')

14·베누 생명 탐사 장비 만들기 활동 해설지

📖 활동 개요

베누 소행성 환경과 탐사 장비 임무를 탐구하는 과학(S), 장비 구조와 재료 활용을 계획하는 기술(T), 기능을 반입체로 구현하는 공학(E), 색과 질감으로 특징을 표현하는 예술(A), 탐사 요소를 분류·비교하는 수학(M)이 융합된 STEAM 활동입니다.

📖 활동 준비물

주제별 준비물(교사 준비)은 베누 소행성 환경과 탐사 장비 기능 이해 자료이며, 창의 재료는 장비의 주요 기능과 구조를 반입체 형태와 시각 자료로 표현합니다.

구분	준비물
기본 준비물	연필, 지우개, 자, 가위, 커터 칼, 딱풀(쓰기·지우기·선 긋기·자르기·붙이기), 색연필(그림 색칠), 사인펜(핵심 기능 강조)
공통 준비물	A4 용지(시나리오와 완성된 아이디어 정리), A4 활동지(선택한 기능 설명과 설계도 작성), 색종이(탐사 위치 표시와 장비 파트 구분), 마스킹 테이프(입체 구조물 임시 고정), 말풍선(기능 역할 표시), 라벨지(장비 명칭과 기능 설명), 스티커(꾸미기용), 지퍼백(재료 보관)
주제별 준비물 (활동 전 학습)	지오몽 교재, 베누 소행성 탐사 영상(탐사선의 작동 원리와 임무 이해), 소행성 표면 자료
창의 재료	우드락(장비 배치용 배경과 바닥판), EVA 폼보드(장비 본체 표현), 은박지(충격을 막는 보호 방패), 종이컵(흙 수집 팔의 몸통과 연결 부위), 투명 필름지(생명 추적 필터와 감지 창), 고무줄(흙 수집 팔의 움직임 표현), 빨대(탄소 감지기 센서 관), 스펀지(수분 센서 흡수 구조), 점토(물과 얼음 성분 입체 표현), 전선·LED 티라이트·건전지와 홀더(센서 작동과 전원 공급 장치 역할), 글루건(부품 접합)

※ 준비물은 활동지 구성에 맞게 조정 가능합니다. 기본 준비물은 학생이 늘 사용하는 학습 도구이고, 공통 준비물은 수업 전 과정에서 공통으로 필요한 자료입니다.

📖 세부 활동 지침

베누 소행성의 환경과 생명 단서를 탐구하면서, 탐사 장비의 주요 기능과 구조를 반입체 구조와 시각 자료로 표현하는 활동입니다.

1) **상황 이해하기** : 생명의 단서를 찾기에 중요한 탐사 대상인 베누의 환경과 탐사 장비의 역할을 이해합니다.
2) **기능 선택하기** : 탄소 감지기, 수분 센서 등 탐사 장비의 기능 가운데 원하는 기능을 선택하고 그 기능이 왜 필요한지 생각합니다.
3) **시나리오 쓰기** : 선택한 기능을 중심으로 장비가 소행성 표면에서 작동하는 이야기를 만듭니다.
4) **설계도 그리기** : 장비의 전체 모습과 기능 위치를 그리고, 필요한 준비물을 표시합니다.
5) **반입체 구조물 만들기** : 우드락을 바닥판으로 두고, EVA 폼보드를 잘라 장비 본체를 만듭니다. 은박지를 붙여 보호 방패를 표현하고, 종이컵을 잘라 흙 수집 팔의 몸통과 연결 부위를 만듭니다. 또 고무줄과 클립을 연결해 팔이 움직이도록 관절 구조를 만듭니다. 빨대를 자르고 붙여 탄소 감지기의 센서 관을 만들고, 스펀지를 붙여 수분 센서의 흡수 구조를 표현합니다. 점토를 작은 조각으로 빚어 얼음이나 물 성분을 나타내고, 투명 필름지를 잘라 생명 추적 필터와 감지 창으로 붙입니다. 라벨지를 기능별로 붙여 이름을 표시하고, 색연필과 사인펜으로 기능을 강조합니다. 스티커로 장비의 구역을 꾸미고, LED를 EVA 폼보드에 끼워 넣어 센서 작동을 표현합니다. 전선과 건전지를 연결해 LED에 전원이 들어오게 하고, 글루건으로 부품을 접합합니다.
6) **보완하기** : 완성한 구조물을 살펴서 마스킹 테이프를 사용해 흔들리는 부분을 고정합니다.
7) **마무리하기** : 완성된 장비를 전시하고 베누 탐사 장비가 어떻게 생명의 단서를 찾는지 정리합니다. 친구들과 의견을 나누며 표현한 기능의 장단점도 함께 살펴봅니다.

STEAM 활동

15·환경에 딱 맞는 동물 만들기 활동 해설지

📖 활동 개요

환경 적응 동물의 특징과 생존 방식을 탐구하는 과학(S), 동물의 구조와 재료의 활용을 설계하는 기술(T), 기능을 반입체 구조로 구현하는 공학(E), 색과 질감으로 특징을 표현하는 예술(A), 생존 요소를 분류하고 비교하는 수학(M)이 융합된 STEAM 활동입니다.

📖 활동 준비물

주제별 준비물(교사 준비)은 환경 적응 동물의 생존 전략 이해에 필요한 자료이며, 창의 재료는 동물의 주요 기능과 구조를 반입체 형태와 시각 자료로 표현합니다.

구분	준비물
기본 준비물	연필, 지우개, 자, 가위, 커터 칼, 딱풀(쓰기·지우기·선 긋기·자르기·붙이기), 색연필(동물 무늬 색칠), 사인펜(핵심 기능 강조)
공통 준비물	A4 용지(시나리오와 완성된 아이디어 작성), A4 활동지(선택한 기능 설명과 설계도 작성), 색종이(동물 외형과 환경 꾸미기), 마스킹 테이프(구조물 임시 고정), 라벨지(동물 이름과 특징), 지퍼백(재료 보관)
주제별 준비물 (활동 전 학습)	지오몽 교재, 환경 적응 동물 영상 자료(사막·극지·바다 등), 위장과 보온 등 동물 생존 전략 자료
창의 재료	EVA 폼보드(서식 환경 바닥 배경과 전체 구조물 받침대), 스티커형 배경지(사막·극지 등 서식 환경 배경), 색도화지(큰 귀·날개 등 넓은 부위), 클레이(몸체 형태와 세부 만들기), 종이컵(발판 구조), 스펀지(넓은 발바닥 질감 표현), 스티로폼 조각(눈·체온 유지 단열층), 털실과 펠트지(털·깃털·위장색 표현), 투명 필름(햇빛 반사와 바람 차단 털), 작은 구슬(눈·비늘·장식), LED 티라이트·철사(센서 기능), 글루건(부품 접합)

※ 준비물은 활동지 구성에 맞게 조정 가능합니다. 기본 준비물은 학생이 늘 사용하는 학습 도구이고, 공통 준비물은 수업 전 과정에서 공통으로 필요한 자료입니다.

📖 세부 활동 지침

환경 적응 동물의 서식 환경과 생존 단서를 탐구하면서, 동물이 가진 주요 기능과 구조를 반입체 구조와 시각 자료로 표현하는 활동입니다.

1) **상황 이해하기** : 동물이 더운 사막이나 추운 극지 등 다양한 환경에 적응해 살아가는 모습을 떠올립니다.
2) **기능 선택하기** : 큰 귀, 위장색 털, 넓은 발바닥 등 가운데 필요한 기능을 선택하고, 그 기능이 환경에서 어떤 역할을 하는지 정리합니다.
3) **시나리오 쓰기** : 선택한 기능이 동물의 생존에 어떻게 도움을 주는지 이야기로 씁니다.
4) **설계도 그리기** : 활동지에 동물의 모습과 기능이 반영된 구조를 그립니다.
5) **반입체 구조물 만들기** : EVA 폼보드를 바닥판으로 두고 스티커형 배경지를 붙여 서식 환경을 만듭니다. 색도화지로 큰 귀나 날개를 자르고 붙여 구조를 잡습니다. 클레이로 몸체를 만들고 종이컵을 이용해 발판이나 몸통을 확장합니다. 스펀지를 잘라 발바닥처럼 붙여 넓은 발을 표현합니다. 스티로폼 조각으로 눈이나 단열층을 표현하고, 털실과 펠트지로 털과 깃털을 붙여 위장색 효과를 줍니다. 투명 필름이나 은박지를 덧붙여 햇빛과 바람을 막는 털을 표현합니다. 작은 구슬을 눈에 붙여 동물의 시각 기관을 표현하고, LED와 철사로 귀털 센서를 만들어 감각 기능을 추가합니다. 빨대를 붙여 호흡 통로를 표현할 수도 있습니다. 라벨지에는 동물 이름과 기능을 기록하고, 색종이로 환경 배경을 꾸며 완성도를 높입니다. 마스킹 테이프를 이용해 구조물을 임시 고정하고, 글루건으로 최종 부착합니다.
6) **보완하기** : 동물의 기능이 잘 드러나지 않으면 색종이나 털실을 추가하고, 흔들리는 부분은 글루건으로 고정합니다.
7) **마무리하기** : 완성된 동물을 발표하며 환경과 동물 기능의 관계를 설명합니다.